바른 믿음의 불교

正信的佛教

탐구사

正信的佛教
Correct Buddhist Belief

著者 聖嚴禪師
出版 法鼓文化
臺灣 臺北市 北投區 公館路 一八六號五樓
一九六五年 初版
一九九六年 修訂三六六刷
二〇一五年十二月 五版一刷

Copyright © by Master Sheng Yen
Korean translation copyright © 2018 by Tamgusa Publishing

Published by arrangement with Dharma-Drum Mountain Cultural & Educational Foundation.

All Rights Reserved.

이 책의 한국어판 저작권은 財團法人 法鼓山文敎基金會—法鼓文化와의 계약으로 도서출판 탐구사에 있습니다. 저작권법에 의해 보호되는 저작물이므로,
책 내용의 전부나 일부를 무단 전재하거나 복사하는 것은 허용되지 않습니다.

ⓒ 法鼓山文教基金會

차 례

초판 서문 · 11

재판 서문 · 13

  1. 바른 믿음의 불교란 무엇인가? · 17

  2. 부처님은 창조주인가? · 19

  3. 부처란 무엇인가? · 21

  4. 우주와 생명은 어디서 왔는가? · 23

  5. 보살이란 무엇인가? · 27

  6. 대승과 소승은 무엇을 가리키는가? · 29

  7. 불교는 세계적 종교인가? · 32

  8. 불교의 근본 교의는 무엇인가? · 39

  9. 불교의 기본 교리는 무엇인가? · 42

10. 불교를 믿으면 반드시 채식을 해야 하는가? · 45

11. 흡연 · 음주 · 도박에 대한 불교적 견해는 무엇인가? · 46

12. 불교를 믿는다면 출가해야 하는가? · 47

13. 불교의 신행자들에는 어떤 등급이 있는가? · 49

14. 우리는 어떻게 불교도가 되는가? · 50

15. 불교도들은 왜 삼보三寶를 신앙하는가? · 52
16. 창녀·도축업자·어부·사냥꾼·주류판매자도 불교를 신앙할 수 있는가? · 58
17. 불교는 참회의 효능을 믿는가? · 60
18. 불교는 천당과 지옥의 존재를 믿는가? · 62
19. 불교는 염왕閻王의 존재를 믿는가? · 65
20. 불교는 영가천도의 효험을 믿는가? · 68
21. 불교는 남들을 위해 공덕을 회향廻向할 수 있다고 믿는가? · 74
22. 불교는 윤회가 확실한 것이라고 믿는가? · 75
23. 불교는 영혼의 실재를 믿는가? · 79
24. 불교도들은 신神과 귀신들을 숭배하는가? · 85
25. 불교도들은 기도의 영험을 믿는가? · 87
26. 불교는 지전紙錢과 석지錫紙 태우는 것을 옹호하는가? · 89
27. 불교는 인과법칙이 확실한 것이라고 믿는가? · 92
28. 불교도들은 모두 극락세계에 왕생하기를 원하는가? · 95
29. 불교는 기적을 중시하는가? · 98
30. 불교는 우상을 숭배하는가? · 100
31. 불교도들은 자살에 반대하는가? · 102
32. 불교는 염세厭世와 출세간의 종교인가? · 104
33. 성불하기까지는 얼마나 오래 걸리는가? · 106
34. 그 자리에서 성불할 수도 있는가? · 108
35. 불교는 인류의 미래에 대해 비관적인가? · 113

36. 겁劫이란 무엇인가? · 115

37. 대천세계大千世界란 무엇인가? · 119

38. 불교의 수행방법은 무엇인가? · 123

39. 불교는 고행을 주장하는 종교인가? · 126

40. 육근청정六根淸淨이란 무엇을 말하는가? · 130

41. 사대개공四大皆空이란 무엇을 말하는가? · 136

42. 불교도들은 부모에게 불효한가? · 140

43. 불교에는 남녀 차별이 있는가? · 145

44. 불교는 가족제도에 반대하는가? · 147

45. 불교도가 이교도와 결혼할 수 있는가? · 149

46. 불교도들은 불교식 혼례를 올려야 하는가? · 152

47. 불교도는 이혼할 수 있는가? · 154

48. 영아嬰兒도 불교에 귀의할 수 있는가? · 156

49. 불교는 산아제한에 반대하는가? · 157

50. 불교도들에게도 국가 관념이 있는가? · 159

51. 불교도들이 군사·정치 활동을 할 수 있는가? · 162

52. 불교는 평화주의의 종교인가? · 165

53. 불교는 사람의 본성이 본래 선하다고 주장하는가? · 168

54. 불교에는 얼마나 많은 종파가 있는가? · 172

55. 유식唯識은 곧 유심唯心인가? · 178

56. 선정禪定은 반드시 선종禪宗과 관계되는가? · 181

57. 돈頓과 점漸이란 무엇을 말하는가? · 185

58. 어느 종宗을 닦는 것이 가장 좋은가? · 189

59. 불교도는 불교의 모든 전적典籍을 어떻게 보아야 하는가? · 197

60. 불교의 전적典籍들은 정말 읽고 이해하기가 어려운가? · 200

61. 불교도는 타종교 책을 보는 것이 금지되는가? · 205

62. 불교는 이교도들을 죄인으로 보는가? · 207

63. 불교의 '고苦' 개념은 기독교의 '죄' 개념에 상당하는 것인가? · 208

64. 불교는 하느님의 존재를 믿는가? · 213

65. 불교가 중국에 기여한 것은 무엇인가? · 217

66. 불교의 진리는 무엇인가? · 224

67. 화상·니고尼姑·거사란 무엇인가? · 228

68. 선사·율사·법사란 무엇인가? · 238

69. 나한·보살·부처란 무엇인가? · 237

70. 불교는 통일적인 행정조직을 가지고 있는가? · 247

옮긴이의 말 · 253

초판 서문 〔自序〕

　불교는 세계적인 주요 종교와 사상들 중에서도 매우 특수하다. 다른 종교들은 대개 신神의 창조와 주재主宰를 신봉하지만, 불교는 철저히 무신론적이다. 유물唯物 사상도 무신론적이지만, 불교는 유물론적 오류를 단호히 반대한다. 불교는 종교이되 종교가 아니고, 철학과 비슷하나 철학이 아니며, 과학과 통하지만 과학도 아니다. 이것이 불교의 가장 큰 특색이다.

　불교가 인도에서 중국에 전래된 이후로 1,900년의 역사를 헤아리는데, 중국의 문화 전체가 불교문화의 감화를 받았다. 그럼에도 불교의 근본정신은 민간 고유의 오랜 습속과 미신 숭배 등으로 인해 찾아보기 어렵게 되었다. 그래서 근대 이후로 신지식을 갖춘 많은 사람들이 불교를 잡신들로 가득 찬 저급한 미신으로 간주했고, 불교가 존재하기는 해도 그것은 구사회가 우리에게 남겨준, 마치 탈피를 끝내지 못한 뱀의 허물 같은 잔재라고 믿었다.

　그래서 나는 일견 평이해 보여도 아주 중요한 70가지 문제를 제기하여, 독자들이 불교의 참모습을 이해할 수 있도록 돕고자 하였다. 이 문제들에 대한 답변은 내가 개인적으로 공부한 것을 기초로 시대적 요구를 반영한 것이며, 태허대사太虛大師와 인순법사印順法師의 일부 견해도 참고하였다.

본서의 주요 대상은 아직 불교를 믿지 않는 지식인들이지만, 오늘날의 일반 불제자佛弟子들도 알고 있어야 할 불교의 상식들도 포함하고 있다. 본서의 항목들이 「보리수菩提樹」 잡지에 연재된 이후로 호평을 받자, 독자들이 하루빨리 단행본으로 보급해 주기를 바랐다. 그래서 내용을 일부 수정하고 보태어 이 책을 내게 되었다. 이번에 성운星雲 스님의 불교문화복무처佛敎文化服務處에서 열심히 출간 작업을 해준 데 대해서 고마움을 표하고 싶다.

불멸기원佛滅紀元 2509년 원단元旦(1965년 1월 1일),
조원사朝元寺 영락관방瓔珞關房에서 씀

재판 서문 [再序]

　본서 『바른 믿음의 불교[正信的佛敎]』는 1963-64년에 걸쳐 월간지 「보리수」에 처음 연재되었다. 초판 단행본이 세상에 나온 것은 1965년 1월, 불교문화복무처에서였다. 이후 지금까지 17년 동안 불교계 안팎과 국내외에서 많은 독자들이 이 책을 좋아했고, 대만·홍콩·남양(동남아시아) 등지를 포함하여 많은 인경회引經會와 불교서점에서 이 책을 복사·타자·조판인쇄 등의 방식으로 대량 보급했다. 많은 부수는 법보시로 배포되고 일부는 정가로 팔렸는데, 도합 십 수만 부 내외에 이르렀다. 내가 쓴 20여 종의 책들 중에서 가장 널리 유통된 것이다.
　1978년 12월에, (타이베이의) 중화불교문화관中華佛敎文化館과 천화출판사天華出版社에서 동시에 재판再版을 냈는데, 차이점이 있다면 문화관판版 3천 부에는 17개의 주註가 추가되었다는 것이다. 정가로 유통되기는 하지만 대부분은 여전히 법보시되고 있다. 그 오랜 세월 동안 이 책이 잊혀지지 않고 있다는 것만도 다행한 일이지만, 총 발행부수로 볼 때 아직 베스트셀러라고는 할 수 없다. 이것으로 미루어볼 때, 대중의 독서 습관이 아직 충분히 왕성하지 않고, 지식을 열렬히 갈구하는 불교도들이 아직은 충분히 많지 않음을 알 수 있다.

1975년 8월, 내가 재외학자[海外學人] 신분으로 입국하여 (대만 정부의) 국가건설회의에 참석했을 때, 당시 교육부차관이던 천뤼안陳履安 선생이 나와 며칠 동안 긴 대화를 나누고 싶다고 했다. 현대의 지식인들이 신앙과 불학佛學 이론에 대해 늘 부닥치거나 생각하는 문제 백 가지를 그가 질문하고 내가 답변하여, 그것을 책으로 펴내자는 것이었다. 나 역시 그것이 의미 있는 작업이 될 것이라고 느꼈다. 안타깝게도 나는 회의가 끝난 뒤 출국했고, 천 선생도 아직 그 구상을 실천에 옮길 시간을 내지 못했다. 그래서 새로운 백 가지 문제가 완성되기 전까지는, 본서의 70가지 문제만 독자 여러분께 제시하는 바이다.

1981년 10월 10일, 베이터우[北投] 중화불교문화관에서
聖嚴 씀

바른 믿음의 불교

正信的佛敎

일러두기

1. 본문과 같은 크기의 괄호 안에 든 말은 저자의 것이고, 본문보다 작은 괄호 안에 든 말은 옮긴이가 문맥을 보충한 것이다.
2. 각주 중 옮긴이의 역주는 *T*.(=Translator의 약자)로 표시되어 있다.
3. 각주의 대장경 출처에 T로 표시된 것은 대만 중화전자불전협회(CBETA)의 『대정신수대장경大正新修大藏經』을 나타내고, X는 CBETA의 『대장신찬만속장경大藏新纂卍續藏經』을 나타낸다. CBETA 검색은 http://www.cbeta.org에서 할 수 있다.

1. 바른 믿음의 불교란 무엇인가?

사실 불교의 본질상 바른 믿음[正信]과 미신의 구별이란 없다. 불교는 불교이고, 불교의 근본 가르침은 어디서나 동일하기 때문이다. 불교는 대각大覺을 이루신 부처님, 곧 석가세존釋迦世尊의 큰 자비와 지혜의 바다에서 흘러나온다. 그것은 지혜로 충만하고, 자애로움이 넘치며, 광명과 청량함과 위안으로 가득한 가르침이다. 이러한 가르침에 대한 신앙에 근거하여 건립된 교단敎團(공동체) 형태가 곧 불교이다.

소위 '바른 믿음'이란, 곧 올바른 신앙이고, 적절한 서원이며, 바른 이해이자, 정직한 신행이고, 진정한 신뢰이다. 바른 믿음은 세 가지 조건, 곧 1) 영구성, 2) 보편성, 3) 필연성[1]을 갖춘 가르침에 대한 것이어야 한다. 달리 말해서 그 가르침은 과거에도 늘 참되었고, 현재에도 어디서나 참되며, 미래에도 어김없이 참되어야 한다.

어떤 원리 혹은 사물에 대한 신앙이나 신뢰가 이 세 가지 조건이라는 시험을 견뎌내지 못한다면 그것은 바른 믿음이 아니라 미신이다. 어떤 종교 교리가 시간의 시험을 이겨내지 못하거나, 환경과 부합하지 않거나, 변화에 직면하여 새로운 모습을 보이지 못한다면, 그것은 미신이지 바른 믿음이 아니다.

---

1) T. 불교적 진리는 상황적 조건 여하에 따라 변화하지 않는 성질을 가졌다는 의미이다.

다만 대승불교가 행해지는 지역에서—특히 중국에서—바른 믿음의 불교가 종래 산중의 고승高僧과 소수의 사대부의 전유물이었던 점은 부인하기 어렵다. 일반 민중들은 불교를 올바르게 이해하고 신행하지 못했고, 그들의 신앙은 실제로 유교·도교·불교가 한데 뒤범벅된 것이었다. 예컨대 귀신을 숭배하는 관행이나, 사람이 죽으면 바로 귀신이 된다는 믿음은 불교의 가르침이 아니다.

2. 부처님은 창조주인가?

아니다. 바른 믿음의 불교에는 세계의 창조주라는 관념이 없다. 부처님은 인간들 중에서 깨달으신 분이다. 부처님이 세간의 모든 진리를 아실 수는 있겠지만, 세간에 이미 존재하는 상태들을 바꿀 수는 없다. 그리고 부처님이 중생들을 교화하여 그들을 제도하실 수는 있지만, 중생들이 제도될 수 있느냐 없느냐는 그 중생이 노력할 수 있느냐 여부가 결정한다. 부처님은 가장 훌륭한 의사여서 중생들의 고통을 진단하고 처방할 수 있고, 당신의 처방약을 복용하는 사람은 반드시 제도되겠지만, 그 약을 기꺼이 복용하지 않으면 부처님이 도와주고 싶어도 도와줄 수 없다. 부처님은 가장 좋은 안내자여서 중생들을 세간의 고해苦海에서 벗어나게 할 수 있고, 부처님의 인도를 따르는 사람은 반드시 제도되겠지만, 그 인도를 따르지 않으면 부처님이 도와주고 싶어도 도와줄 수 없다. 부처님은 결코 창조주로 자처하지도 않고, 당신을 따르는 사람들이 당신을 의식儀式으로 숭배하는 것도 결코 원치 않는다. 부처님의 가르침을 실천하는 사람은 부처님을 뵙고 공경하는 것과 같지만, 그러지 않는 사람은 비록 당대에 부처님을 뵈었다 해도 부처님을 뵙지 않은 것과 같다.

그래서 부처님은 창조주도 아니고 전능한 주재신도 아니며, 단지 사람들이 괴로움을 벗어나 즐거움을 얻는[離苦得樂] 방법을 가르쳐 줄 수 있을 뿐이다. 부처님 자신은 이미 괴로움을 벗어나 즐거움을 얻었지만, 중생들을 대신해서 그렇게 하실 수는 없다. 부처님은 대大교육가이자 인간과 천상의 스승이지, 환술가幻術家나 마법사가 아니다. 당신은 "남의 죄를 대신 갚아준다(代人贖罪)"고 사람들을 속일 필요가 없었고, 모든 행위와 그 결과에 대해 우리 자신이 스스로 책임을 져야 한다고 가르쳤다. "외를 심으면 외를 얻고, 콩을 심으면 콩을 얻는다(種瓜得瓜 種豆得豆)"는 것이다.

3. 부처란 무엇인가?

'부처(佛陀, Buddha)'란 단어는 고대 인도의 범어梵語(산스크리트어)를 음역한 것이다.

'부처'는 깨달았다는 뜻이며, 자신이 깨달았을 뿐 아니라 남들을 깨닫게 한다는 것, 일체를 깨달아서 모르는 것이 없고 깨닫지 못하고 있는 때가 없다는 것[無所不知 無時不覺]을 의미한다. 그래서 부처는 '일체지인一切智人' 혹은 '정변지각正遍知覺'으로도 불린다.

우리의 이 세계에서 부처님은 2,500여 년 전인 기원전 623년에 인도 카필라바스투(Kapilavastu)의 석가태자로 태어나셨고,[1] 성도成道하신 뒤에는 석가모니釋迦牟尼(Śākyamuni)로 불렸다. '석가釋迦(Śākya)'는 당신의 부족 성姓이었는데, 뜻으로는 '능인能仁'이다. '모니牟尼(muni)'는 고대 인도에서 성자에 대한 하나의 존칭이었다. 이분이 곧 불교의 창시자[敎主]이다.

역사적으로 기록되어 있는 부처님은 석가 부처님 한 분뿐이다. 그러나 우리는 당신의 가르침을 통해, 아득한 과거에는 이 세계에 다른 부처님들이 계셨고, 먼 미래에도 이 세계에 다른 부처님들이 오실 것

---

[1] *T.* 부처님의 생몰연대는 학자들 간의 견해가 달라 확정하기가 어렵다(위키피디아는 부처님의 생년을 기원전 563-480경, 몰년을 기원전 483-400경으로 넓게 잡고 있다). 이 문제에 대해 스님은 다른 책 『학불지진學佛知津』에서 독립된 장으로 논의하고 있다.

이며, 바로 지금도 시방세계十方世界에 많은 부처님들이 존재하신다는 것을 알게 된다. 그래서 불교도들은 석가모니 부처님이 유일무이한 부처님이라고 하지 않으며, 과거·현재·미래에 한량없이 무수한 부처님들이 계시다고 본다. 나아가 모든 인간과 모든 유정중생有情衆生들(주로 동물들을 가리킨다)이—불교를 믿든 믿지 않든 관계없이—미래에는 다 부처가 될 잠재력을 가지고 있다고 믿는다. 왜냐하면 불교에서는 "부처는 이미 깨달은 중생이고, 중생은 아직 깨닫지 못한 부처"임을 믿기 때문이다. 영적인 수준에서는 범부와 성인이 다르지만, 본질면에서는 누구에게나 평등하게 불성佛性이 있다. 따라서 불교도들은 부처님을 유일한 신으로 숭배하지 않고, 다른 우주 창조신의 존재도 인정하지 않는다. 그래서 불교도는 무신론자이다.

4. 우주와 생명은 어디서 왔는가?

불교도들은 우주의 창조신을 믿지 않지만, 우주의 존재를 의심할 수는 없고, 생명의 존재도 부정할 수 없다.

불교도들은, 우주를 구성하는 원소들은 그 자성自性이 공空하고, 생명을 구성하는 원소들도 그 자성이 공하며, 이 공성空性이야말로 영구불변의 진리임을 믿는다. 그것이 영구불변이라는 것은, 이 공성에 시작도 없고 끝도 없다는 의미이다. 그것은 본래 그런 것이며, 그것이 우주와 생명의 실제 상태이다.

불교도들은 우주 안의 변화와 생명과정의 변천(생사윤회)이 중생들이 지은 '업력業力'의 결과임을 믿는다.

'업력'이란 유정중생(동물)들의 선하거나 악한 행위가 산출하는 원인적 힘으로서, 마치 여러 가지 색깔처럼 그 생명 주체를 부단히 훈습하여 물들이는[薰染] 것이다. 그것은 식전識田(의식, 특히 제8식) 속으로 들어가, 식전 속에서 기다리고 있다가 적절한 바깥 연緣을 만나면 다시 싹이 터서 자란다. 이것은 흙 속에 심은 씨앗이 햇빛과 공기와 물을 만나면 싹이 트고 자라는 것과 같다. 불교에서는 이 과정을 업력의 현행現行(발현)이라고 한다. 업業을 짓는 것이 업력 현행의 인因이고, 업력의 현행은 업業을 지은 과果이다. 소위 "선악은 결국 과보가 있다"

고 하는 것은 바로 이 이치를 말한다.

업業은 개인이 혼자 지을 수도 있고, 남들과 공동으로 지을 수도 있다. 어떤 업은 개인이 혼자 지어도 남들의 업과 같을 수 있고, 어떤 업은 남들과 공동으로 지어도 각자 경중輕重이 다를 수 있다. 그래서 업은 대체로 '공업共業'과 '불공업不共業'의 두 범주로 나누어진다.

공업共業으로 인해 같은 과보를 받게 된다. 예컨대 지구는 이 지구 세계의 중생들, 즉 과거·현재·미래의 무수한 중생들의 업력으로 인해 생겨난 것이다. 서로 다른 중생들의 집단이 짓는 서로 다른 공업에 따라 서로 다른 세계들이 생겨난다. 즉, 이 광대한 우주 안에 존재하는 헤아릴 수 없이 많은 세계들은 서로 다른 각종 중생들이 서로 다른 공업을 지어서 생겨난 것이다. 그래서 만일 화성에 정말 어떤 인간들이 있다면, 그 화성인의 모습은 반드시 지구인의 모습과 같지는 않을 것이다. 사람이 없는 별들, 생명체가 존재하지 않는 별들조차도 중생들의 업력의 결과이다. 왜냐하면 이러한 별들은 중생들의 활동무대에 대해 배경이 되어 주기 때문이다. 요컨대 우주 안의 만물은 어느 하나도 그 존재 이유가 없지 않다. 예를 들어 태양에는 생물이 존재할 수 없지만, 만약 태양이 없다면 지구의 생물들도 생존할 수 없다. 과학적 관점에서는 그 존재 이유를 증명할 수 없는 것들이 많이 있지만, 불교적 관점에서는 모든 것이 업력의 소산이므로 그것이 곧 그것들의 존재 이유인 것이다.

지구상에 생명이 처음 출현한 것으로 보자면, 불교도들은 아래로 단세포생물에서부터 위로 인류에 이르기까지 모든 중생들이 변화해서 나왔다[變化而來][1])는 점에서는 동일하다고 믿는다. 지구가 형성된 뒤 나타난 최초의 인류는 색계色界 제6천인 광음천光音天에서 지구로 날아 내려온 사람들이었다. 그들은 지구상에서 일종의 천연식품('지미地味')을 탐하는 나쁜 습이 들었는데, 그것을 먹고 나자 몸이 거칠고 무거워져서 날 수 없게 되었고, 그래서 지구상에 정착하게 된 것이다.[2]) 실은 그것은 그들의 업보의 소치였다. 천상의 복을 다 누린 그들은 지구로 내려와서 이전의 업에 따른 과보를 받아야 했던 것이다. 이후의 모든 중생들도 마찬가지이다. 그들은 공동의 업력으로 하나의 지구를 형성했는데, 지구상에서 생활하는 과보를 어찌 받지 않을 수 있겠는가? 지구상에서 받아야 할 업보가 일단 끝나면, 각기 가야 할 다른 세계로 가게 될 것이다.

또한 중생들은 불공업不共業으로 인해, 같은 지구 세계에서도 수준의 높낮이가 다르다. 아래로는 곤충에서부터 위로는 인간에 이르기까지 서로 다르고, 인간들 중에서도 빈부와 귀천이 있으며, 어떤 사람은 총명하고 어떤 사람은 우둔한 등 천차만별이 있다.

사실 넓게 보자면 공업共業 자체도 일종의 불공업일 수 있다. 예를 들어, 지구 중생들의 공업은 다른 세계 중생들의 공업과 비교하면 불

---

1) T. '변화해서 나왔다'는 것은 최초의 생물 종種들이 화생化生에 의해 출현했다는 뜻이다. 물론 나중에 환경에 적응하는 과정에서 제각기 나름대로 진화할 수 있다.
2) 『世記經』・『大樓炭經』・『起世經』(T01n0001_018~022; T01n0023; T01n0024) 등을 보라.
   T. 이 경들은 부처님이 우주의 형성・조직・변천과 인류의 출현 등을 설하는 같은 내용의 다른 버전들로 보이며, 한역된 시대와 번역자가 각기 다르다. 지구상의 생명 출현에 관해서는 『世記經』 卷第二十二, T01n0001_022_p0145a06 이하, 『大樓炭經』 卷第六, T01n0023_006_p0305b03 이하, 『起世經』 卷第九, T01n0024_009_p0358a28 이하 참조.

공업이 된다. 마찬가지로 불공업도 공업이 될 수 있다. 예컨대 아프리카의 흑인종이나 아시아의 황인종으로 태어나는 것은 불공업의 결과이지만, 둘 다 지구 세계의 인류라는 점에서는 공업의 결과이다. 이것으로 유추해 보면, 한 나라 안의 사람들도 천차만별이고 한 가정의 형제자매들조차도 각기 성격이 다르고 각기 성취하는 것도 다르며, 삶속에서 경험하는 것도 서로 다르다는 것을 알 수 있다.

이것이 곧 불교가 우주와 생명의 기원과 그 존재를 보는 방식이다.

5. 보살이란 무엇인가?

'보살菩薩'이라는 단어는 범어 보디사뜨와(bodhisattva)를 줄여서 음역한 것이며, 온전한 음역은 '보리살타菩提薩埵'이다. '보리'는 '각覺'(깨달은)의 의미이고, '사뜨와'는 '유정有情'(중생)을 뜻하므로, 보리살타는 '각유정覺有情'이다. '유정'이란 애정과 여타 감정을 가진 살아 있는 존재인데, 주로 동물을 가리킨다. 보살은 깨친 유정으로서, 일체중생의 고통을 자각하고 그들의 고통에 연민을 느끼며, 그들을 고통에서 건지려고 나서는 자이다. 그래서 우리는 흔히, 선善을 좋아하고 베풀기 좋아하며, 어려움에 처한 이들을 돕는 사람을 '보살의 마음을 가졌다'고 이야기한다.

보살의 본래 뜻과 민간에서 이해하는 뜻은 많이 다르다. 보살은 불법을 믿고 배운 뒤, 자신을 제도하고 남들도 제도하기로 발원한 사람, 나아가 자신을 돌아보지 않고 남들을 구제하기로 발원한 사람이다. 그래서 점토나 나무로 만든 토지신·성황신 등 각종 잡신雜神들의 상像은 결코 보살이라고 부를 수 없다.

보살은 중생이 성불하기 위해 반드시 통과해야 하는 단계이다. 중생이 성불하려면 먼저 큰 서원[大願心]을 발해야 하는데, 가장 주된 것은 다음의 '사홍서원四弘誓願'이다.

"가없는 중생을 건지겠습니다(衆生無邊誓願度)."

"다함없는 번뇌를 끊겠습니다(煩惱無盡誓願斷)."

"한량없는 법문을 배우겠습니다(法門無量誓願學)."

"위없는 불도를 이루겠습니다(佛道無上誓願成)."1)

명실상부한 보살이 되기가 결코 쉽지 않다는 것을 알 수 있다.

그러나 처음 발심·발원하여 성불하기까지 모두가 보살이라고 할 수 있다. 그래서 범부보살凡夫菩薩과 현성보살賢聖菩薩 간에는 차이가 있다. 보통 불경에서 이야기하는 보살은 모두 성위보살聖位菩薩을 가리킨다. 『보살영락본업경菩薩瓔珞本業經』에 따르면 보살은 모두 52계위階位2)로 나뉘는데, 초지初地부터 십지十地까지와 그 위로 등각等覺·묘각妙覺의 12계위만이 성인聖人이다.3) 사실 묘각보살은 곧 부처이고, 등각보살은 다음 생에 부처가 될 대보살이다. 우리가 익히 아는 관세음보살薩觀世音菩薩·대세지보살大勢至菩薩·문수보살文殊菩薩·보현보살普賢菩薩·미륵보살彌勒菩薩·지장보살地藏菩薩 등은 등각위等覺位의 대보살들이다.

---

1) *T*. 사홍서원은 문헌마다 표현이 약간씩 다르지만, 본문과 같은 것은 『여산연종보감廬山蓮宗寶鑑』卷第七에 나온다. T47n1973_007_p0335c21~c23.
2) *T*. '보살의 52계위'는 십신十信, 십주十住, 십행十行, 십회향十迴向, 십지十地의 50계위와 등각等覺, 묘각妙覺의 2계위이다.
3) *T*. 여기서 '성인'은 우리가 흔히 말하는 '성자'를 포함한 개념이다. 완전한 깨달음을 얻지는 못했어도 견성 도인(또는 소승 4과 중 초과인 입류 이상)은 '성자'('성위보살)로 볼 수 있는데, 성철性徹 스님에 따르면 보살의 십지 중 '8지보살'이 완전한 깨달음에 들어선 경지이다.

6. 대승과 소승은 무엇을 가리키는가?

원래 부처님 당시에는 대승과 소승의 구분이 없었다. 불법은 한 맛[一味]이지만 설법을 듣는 이들이 각기 다르고, 그 설하는 내용을 이해하고 체험하는 수준이 다른 것일 뿐이다.

부처님은 근기根器가 서로 다른 청중들을 상대로 설법했다. 오계를 지니고 십선을 닦는 것과 같이 사람이 해야 할 근본 도리를 설했을 때는 그것을 인천승人天乘이라고 한다. 세간적 삶을 싫어하는 관념이 강한 사람들에게 생사에서 해탈하는 방법을 설했을 때는 그것을 성문聲聞의 소승小乘이라고 한다. 근기가 깊고 세상 사람들을 교화하려는 자비 서원을 가진 청중에 대해서는 보살菩薩의 대승大乘을 설했다.

사실 불법은 다섯 가지 승乘으로 나누어지는데, 인승人乘·천승天乘·성문승聲聞乘·독각승獨覺乘·보살승菩薩乘이 그것이다. 오계·십선을 훌륭하게 닦은 사람들은 천상에 나고, 그것을 보통 수준으로 닦은 사람들은 인간 세상에 난다. 이 두 가지를 합쳐서 인천도人天道라고 한다. 성문은 법法을 듣고 그것을 닦아서 생사를 해탈한 사람들이다. 독각獨覺은 법을 듣지 않고 스승 없이 홀로 깨달아 생사를 해탈한 사람들이다. 이들을 합쳐 성문·독각이라고 하며, 그들의 수행을 해탈도解脫道라고 한다. 보살도菩薩道는 해탈도를 추구하면서도 인천행人天行(인간 세상과 천상계에서의 활동)을 포기하지 않는 수행방식이다. 그래서 대승의 보살도는 해탈도解脫道와 인천도人天道를 통합한 것이다.

인천도의 오계·십선만 닦는 사람들은 여전히 범부이다. 해탈도를 깨달아 더 이상 생사를 받지 않는 사람들은 성인聖人이지만, 그들은 자신의 해탈을 위해 불법을 닦는 데만 관심이 있고 다른 중생들을 제도하기 위해 돌아올 생각이 없기 때문에 '소승'이라고 불린다.

보살들은 위로는 위없는 불도를 추구하여 자신이 생사에서 해탈함과 동시에, 아래로는 무량한 중생을 교화하여 함께 생사의 고해를 벗어나려고 하기 때문에, '대승'이라고 불린다.

불교는 지리적 분포에 따라 북전불교北傳佛敎와 남전불교南傳佛敎로 나뉜다. 북전불교는 범어계의 대승불교로서, 중국을 중심으로 일본·한국·몽골·티베트의 불교이다. 남전불교는 빨리어계의 소승불교로서 스리랑카를 중심으로 태국·미얀마 등의 불교이다.[1] 사실 이것은 북방불교에서 나온 구분이고, 남방불교도들은 이런 구분을 아예 부정한다. 『근본유부율根本有部律』 권45와 『잡아함경雜阿含經』 권28 제769경에는 공히 '대승大乘'이라는 명칭이 나오는데, 그것은 팔정도八正道 수행을 가리킨다.[2] 『잡아함경』 권26 제669경에서는 사섭법四攝法을 행하는 사람을 '대사大士'라고 한다.[3] 『증일아함경增一阿含經』 권19에서는 대

---

[1] T. 오늘날 많은 학자들은 동아시아 불교와 티베트 불교를 구분하여 불교 전통을 다음과 같이 셋으로 나눈다고 한다. 1) **남방불교**(스리랑카, 태국, 버마, 캄보디아, 라오스, 베트남 남부, 중국 남부, 방글라데시 동부), 2) **동방불교**(중국, 일본, 한국, 대만, 베트남), 3) **북방불교**(티베트, 몽골, 부탄, 네팔 일부, 러시아, 중국 북서부, 인도 북부).
[2] T. 『근본설일체유부비나야根本說一切有部毘奈耶』 卷第四十五, T23n1442_045_p0875b22와 『잡아함경雜阿含經』 卷第二十八. T02n0099_028_p0200c26.
[3] T. 『잡아함경』 卷第二十六, T02n0099_026_p0185a26~a27.

승의 육도六度(육바라밀)를 분명하게 언급하고 있다.4)

이론적 발전의 면에서는 북전불교가 남전불교를 능가하지만, 그 외에 생활상 실천의 면에서는 북전 지역이 반드시 대승적인 것은 아니고, 남전 지역이 반드시 소승적인 것도 아니다. 북전의 중국불교는 채식을 하는 것 외에는 남전불교에 비해 아무것도 더 나을 것이 없다. 특히 중국 대승불학佛學이 성취한 것이 그렇다. 왜냐하면 노장老莊사상에서 형성된 현학玄學·청담淸談(탈속적인 공리공담)이 위진魏晉 시대(220-420)에 특히 성행했고, 그래서 상류사회 선비들이 불학을 소일거리와 청담淸談의 대상으로 삼았기 때문이다. 중국의 천태종과 화엄종 이론들은 확실히 이런 경향을 어느 정도 반영하고 있다. 그래서 근대 일본의 학자 기무라 다이켄木村泰賢(1881-1931)이 중국불교는 학문적 불교에 속하지 실천적 불교가 아니라고 비판한 것도 근거가 아주 없지는 않다.

사실 천태종과 화엄종의 사상적 틀도 중국 고승들의 깨달음 체험에서 나온 것이 많고, 인도불교 사상에 충분한 근거를 가지고 있지 않다. 따라서 중국 대승불교의 참된 정신은 민간에 확산되지 못했고, 민간 사람들이 생활 속에서 귀의하는 신앙이 되었다고 할 수도 없다. 그래서 어떤 분은 중국불교가 사상은 대승이고 행위는 소승이라고 말하기도 했다.5)

---

4) T.『증일아함경』卷第十九, T02n0125_019_p0645b02~04, b08~20.
5) T. 태허대사가 1940년에 한장교리원漢藏敎理院에서 한 강연에서 "이와 같이 대승의 가르침을 말하면서 소승의 행을 하는 현상이 중국에 보편적으로 존재한다(這種說大乘敎, 行小乘行的現象, 在中國是普遍地存在)"고 말한 바 있다. (太虛大師, '從巴利語系佛敎說到今菩薩行', 四-甲).

7. 불교는 세계적 종교인가?

그렇다. 왜냐하면 부처님은 어느 한 민족의 보호신이 아니라, 우주적인 정변지각正遍知覺'(바르고 보편적인 깨달음)을 얻으신 분이며, 전 우주가 공유하는 분이기 때문이다. 부처님의 정변지각의 성품은 우주에 편만遍滿하며, 부처님의 자비의 빛은 일체를 두루 비춘다. 그래서 불교는 본질적으로 세계적이고, 나아가 우주적이다.

그래서 2천 5백여 년에 걸쳐 불교는 세계 각지로 점점 퍼져나가고 있다.

부처님이 입멸하신 뒤 약 3, 4백 년 사이에 불교는 내부적 의견이 서로 달라서 두 개의 큰 파로 나뉘었다. 나이가 많은 보수파는 상좌부上座部(Sthaviravāda), 나이가 젊은 신진파는 대중부大衆部(Mahāsanghika)로 불렸다. 나중에 상좌부는 남쪽으로 전해져 스리랑카에 전파되었다. 그들의 경전은 인도의 지방언어인 빨리어(Pali)로 기록되었고, 그래서 훗날 빨리어계系 불교(Pali Buddhism)로 불렸다. 대중부는 북쪽으로 전파되었는데, 그것이 직접 대승불교로 발전하지는 않았지만, 대승불교가 일어난 곳은 대중부가 성행하던 지역이었다.

이것은 대략적인 구분이고, 실은 불교의 역사적·고고학적 증거로 보면, 가장 먼저 남방의 스리랑카·미얀마 등지에 전해진 것은 범어에 기반한 대승불교였다. 그래서 가장 먼저 바닷길을 통해 중국 남부지방에 전해진 것은 대승불교 계통이었다. 그리고 북쪽으로 전파된 것은 소승불교 세력이었던 것도 사실이다.

대승불교의 연원은 석가세존의 시대까지 거슬러 오르지만, 부처님 입멸 후 비구 승단은 그 가르침을 중시하거나 전파하지 않았다. 그것이 저변의 흐름으로 4, 5백 년간 존재하다가, 부파불교가 복잡하게 분열하던 시기에 대승불교도 시대의 요구에 따라 일어나게 된 것이다. 마명馬鳴·용수龍樹·무착無著·세친世親 등이 경전을 수집하고 정리하여 널리 전파하자 비로소 대승불교가 일어났다. 그 경전들은 고대인도의 아어雅語인 범어로 기록되었기 때문에, 대승불교는 범어계梵語系 불교라고 불린다.

중국에 불교가 들어온 것은 동한東漢 시대(25-220)였는데, 이는 서력 기원의 초기에 해당한다.

중국의 불교 전적典籍들은 대부분 범어 원본을 번역한 것이다. 중국불교는 나중에 대승이 성행하게 되지만, 소승의 경론들도 많이 번역되었고, 중요한 소승 불전들은 모두 한역본이 있다.

위진 남북조를 거쳐 수隋·당唐 시대(581-907)에 이르러 중국불교의 황금시대가 열렸다. 많은 고승들이 배출되었고, 중국과 인도의 교류도 빈번하고 지속적이었다. 이 단계에서 중국불교가 꽃을 피우고 열매를 맺은 것이다. 소승·대승을 합쳐 13개 종파가 나오고, 점점 융합되어 8개의 대승 종파로 모아졌다. 천태종·화엄종·삼론종·유식종·정토종·율종·선종·밀종이 그것이다. 오대五代(907-960) 이후로 정치적 박

해와 사회적 배척으로 인해 불교는 문화 중심지들을 떠나 산림으로 들어갔다. 스님들은 스스로 농사를 지으며 살았고, 경전을 연구할 필요가 없어졌다. 그래서 '불립문자 교외별전(不立文字 敎外別傳)'의 선종이 홀로 두드러졌다. 당·송 시대에는 그래도 참으로 수행하고 실답게 깨달은 선사들이 있었다. 그들은 간명하고 질박한 언행으로 많은 사람들을 교화했다. 그러나 경전을 소홀히 한 것은 '우매한 불교[愚昧佛敎]'가 생겨나는 먼 원인이 되었고, 송·명대 이후로는 불교 승려와 사원들은 많았으나 대부분 영혼은 없고 껍데기만 남은 것에 지나지 않았다! 교육을 중시하지 않고 기계적으로 예불이나 의식만 거행하면서 맹목적으로 수행을 했다[盲修瞎參]. 걸출한 고승이 적었을 뿐 아니라, 보통의 승려들도 대개는 별로 아는 것이 없었다. 그들 자신이 모르고 실천하지 않는데, 어떻게 남들을 교화할 수 있겠는가? 그래서 보편적으로 승려들의 자질이 떨어졌고, 설상가상으로 유가(儒家)들이 불교를 배척했다. 그러다 보니 일반인들도 불교에 대해 가면 갈수록 뭐가 뭔지 잘 모르게 되어 버렸다.

청나라 말기 이후 양인산(楊仁山) 거사1)의 불교 진흥과 태허대사(太虛大師)2)의 혁신 창도(倡導), 그리고 인광(印光)(1862-1940)·홍일홍(弘一)(1880-1942)·허운(虛雲)(1840-1959) 등 몇몇 스님들과 구양경무(歐陽竟無)3) 등의 교화 노

---

1) T. 1866년 남경(난징)에 금릉각경처(金陵刻經處)를 설립, 수많은 불경을 인쇄·보급하여 중국불교 부흥의 밑돌을 놓은 거사(1837-1911). 이름은 文會, 자가 仁山이었다.
2) T. 근대 중국의 고승(1890-1947). 많은 저술과 강연 외에도 각지에 불학원(佛學院)을 창립하고 불교잡지「해조음(海潮音)」을 창간하는 등 다방면으로 노력하여 중국의 불교 부흥에 큰 역할을 하였다. 그의 제자인 印順法師가 편찬한『太虛大師全書』가 있다.
3) T. 중국의 불교학자(1871-1943). 이름은 구양점(歐陽漸), 竟無는 자(字)이다. 지나내학원(支那內學院)을 창립했고, 법상유식학(法相唯識學)에 조예가 깊었다.

력으로 인해 중국불교가 다소나마 회복의 전기를 보이기 시작했다. 그러나 고쳐야 할 폐단이 너무 많아서 일일이 다 들 수 없을 정도이다. 그래서 지금 대만의 불교에 이르러서도, 마땅히 바로잡거나 진흥해야 할 많은 불교 사업이 여전히 걸음마 단계에 있다.[4]

　일본의 불교는 중국과 한국을 거쳐 전해진 것인데, 이는 6세기 이후의 일이다. 그래서 일본불교는 본질적으로 중국적 형태의 불교에 속하지만, 지난 한 세기 이래 일본은 서양의 학문 연구방법을 접하고 이 새로운 방법으로 불교학을 연구하여 중국을 능가했을 뿐 아니라 세계불교학의 선봉에 서게 되었다. 왜냐하면 일본의 학자들은 중국불교의 모든 경전을 이용할 수 있었고, 범어와 빨리어 경전을 직접 연구하여 근본불교의 원뜻을 이해할 수 있었으며, 거기에 새로운 학문 연구방법으로 빛나는 연구 성과를 산출했기 때문이다. 그렇기는 하나, 일본불교는 청정하고 온전한 해탈도의 수행이라는 면에서는 남방불교 국가들에 훨씬 못 미친다.

　부처님 입멸 후 서기 9, 10세기에 힌두교의 세력이 커지면서 불교는 인도에서 무참히 소멸되었다. 불교도들은 당시의 시대적 요구에 부응하기 위해 힌두교의 브라만 개념을 대승 불법에 집어넣기도 했다. 심지어 미신이나 민간의 습속, 심지어는 (탄트라에서 행해지던) 남녀의 방중술까지도 청정한 불교에 혼입되었다. 이런 과정 속에서 신비화된 대승 밀교가 탄생했고, 이것이 인도불교 제3기의 시작이었다. 그러나 불교의 많은 우수한 점들이 힌두교에 흡수되면서 그들은 더 왕성한 자

---
4) T. 반세기가 지난 지금, 대만불교는 다방면으로 크게 발전하고 많은 역량을 축적했다.

양분을 얻은 반면, 불교가 흡수한 힌두교의 저급한 신앙은 불교를 더 부패시키는 요인이 되었다! 그래서 10세기 말 이후로 불교는 힌두교의 공세와 무슬림의 침공이라는 이중의 압박으로 인도 내에서 소멸해 버렸다! 그러나 역사적 기록으로 보면, 불교가 사라진 뒤의 인도는 국력이 점점 쇠퇴했고, 인민들의 삶은 날이 갈수록 어려워졌다. 인도는 여러 나라로 분열된 채 계속 통일을 이루지 못하다가, 1947년에야 영국인들의 지배에서 벗어나 자주독립을 쟁취했다. 그러나 고대인도의 영역 안에 파키스탄과 네팔 같은 새로운 나라들이 건국되었다. 오늘날 불교도들은 인도 내에서 법률적인 보호와 정부의 우대를 받고 있다. 1951년 이후 그들의 숫자도 현저히 늘었지만, 겨우 10만 8천 명에서 325만 명으로 늘어난 것일 뿐, 근 4억의 인구 가운데 그들이 점하는 비율은 가여울 만큼 적다.5) 이것은 중요하다. 왜냐하면 어떤 사람들은 인도가 약한 것은 불교 때문이라고 비난하기 때문이다.

 티베트 불교는 중국불교와 다소 관계되기도 하나 대부분 인도에서 직접 수입된 것이다. 티베트 불교는 대승불교이기는 하지만 밀종의 한 갈래에 속한다. 북인도의 스승이던 빠드마삼바바(Padmasambhava-蓮華生)가 불법을 전했을 당시의 티베트는 문화적으로 낙후되어 있었고, 다신교를 믿고 있었다. 티베트인들은 신비롭고 영험이 분명한 밀종을 열광적으로 받아들였다. 특히 빠드마삼바바가 신통력이 뛰어난 고승이어서 더욱 그랬다. 빠드마삼바바와, 당唐 개원開元 연간(713-741)에 중국에 밀

---

5) *T.* 2017년 통계로 인도의 불교인구 비율은 0.82%이다. 전체 인구는 13억 명이 넘고, 힌두 74.33%, 무슬림 14.20%, 기독교 5.84%, 시크교 1.86%, 토속종교 1.35% 순이다.

종을 전수한 '개원 3대사大士'인 선무외善無畏(Subhakarasimha)·금강지金剛智(Vajrabodhi)·불공不空(Amoghavajra)의 세 대사大師는 모두 용지보살龍智菩薩(Nāgabodhi)6)의 제자들이었다. 빠드마삼바바 계열의 티베트 승려들은 모두 붉은색 옷을 입어 '홍교紅敎'(닝마파)로 불렸다. 원말·명초元末明初 시대 티베트의 홍교 라마들은 부패했고, 교학도 발전시키지 못했다. 그래서 총카파(Tsongkhapa) 대사가 청정한 계율과 현교顯敎의 교의[義理] 연구를 강조하여 종풍宗風을 크게 떨쳤고, 그 덕화德化가 전 티베트에 미쳤다. 그들은 황색 옷을 입었기 때문에 '황교'(겔룩파)라고 불렸다. 몽골·네팔 등지의 밀교는 모두 티베트 불교의 지류支流이다.

불멸佛滅 후 인도불교의 대략적 형세로 말하자면, 세 시기로 나눌 수 있다. 제1기는 불멸 후 3, 4백 년까지의 상좌부 불교이고, 오늘날의 스리랑카 등지가 이를 대표한다. 제2기는 불멸 후 3, 4백 년경부터 5, 6백 년까지의 대승 현교顯敎이며, 오늘날의 중국·일본 등지가 이를 대표한다. 제3기는 불멸 후 9백~천 년까지 대승 밀교密敎가 일어난 시기로, 티베트가 이를 대표한다. 이른바 '현교'는 불교의 교의를 연구하고 해설하는 데 편중되고, '밀교'는 의궤儀軌(의례 법식)의 준수, 주문呪文의 지송持誦에 편중되며 신력神力의 가지加持(보호와 도움)를 특별히 신앙한다. 바꾸어 설명하자면, 제1기는 성문화聲聞化 불교, 제2기는 보살화菩薩化 불교, 제3기는 천신화天神化 불교라고 할 수 있다. 오늘날 필요한 것은 제4기의 '인간화 불교'여야 할 것이다.

서양의 불교는 독일에서 가장 먼저 시작되었다. 쇼펜하우어의 사상

---

6) T. 용수보살의 제자로 알려진 남인도의 고승. 금강지 등에게 밀교를 가르쳤다.

이 인도 색채가 농후하다는 것은 잘 알려져 있다. 왜냐하면 그는 우파니샤드와 초기불교 전적典籍들을 자기 사상의 원천으로 삼았기 때문이다. 오늘날 프랑스·영국·벨기에·오스트리아·러시아, 그리고 미국·아르헨티나·브라질은 모두 불교도들의 자취를 가지고 있다. 그러나 독일과 미국의 전도前途가 가장 유망하다. 특히 미국에서는 남전불교, 북전불교, 티베트 불교가 모두 활동하고 있기에 그렇다. 다만 유럽과 남북 아메리카의 불교문화 내용 면에서는 남전불교가 확실한 우세를 점하고 있다.7) 그것은 1505~1947년 사이에 포르투갈·네덜란드·영국이 스리랑카를 번갈아 점령한 탓에, 오히려 스리랑카 스님들이 서양을 왕래하면서 불교를 전파할 기회를 얻었기 때문이다. 대승불교를 구미歐美에 전한 데는 일본인들의 공이 크다. 근세의 중국불교는 불교문화를 수출하는 면에서 다른 나라들에 훨씬 뒤쳐졌다. 심지어 티베트 라마들도 이 방면에서는 중국 불교도들보다 몇 걸음 앞서 있다. 오늘날 미국의 화교들은 대승불교를 신앙한다고는 해도, 정작 대승의 교의敎義를 모르고 있다.

---

7) T. 영문판 번역자에 따르면, 20세기 말에 서양에서 대승불교가 급성장한 점을 감안할 때 오늘날의 남전불교는 스님이 이 책을 쓰던 1960년대만큼 "확실한 우세"를 점하고 있다고 보기는 어려울 거라고 한다.

8. 불교의 근본 교의는 무엇인가?

불교 경전이 방대하다는 것은 누구나 아는 사실이다. 그래서 오늘날까지도 어느 한 경전이나 몇 가지 경전이 대표적인 불경이라고 딱 잘라서 말할 수 없다. 중국에서는 많은 불교 종파가 출현했는데, 이는 대체로 각기 으뜸으로 여기는 경론經論에 대한 입장이 서로 달랐기 때문이다.

그러나 불교에는 하나의 근본 교의—부처님이 우주와 생명에 대해 특별히 깨달은 진리가 있으니, 그것은 '연생緣生'의 도리라는 것이다.

연생緣生이란 사물들이 인因과 연緣에서 생겨난다[因緣所生]는 것이다. 즉, 갖가지 관계들이 결합하여 갖가지 현상을 산출한다는 것이다. 예컨대 글 한 편이 쓰여서 독자들의 손에 전달되어 독자들이 불교에 대해 뭔가를 이해하도록 도울 수 있으려면, 그 관계들(인연)이 간단해 보여도 실은 굉장히 복잡하다. 첫째, 문자의 발전과 교양, 지식의 축적과 흡수, 글쓴이의 건강과 열의, 그리고 견해가 갖추어져야 한다. 거기에다 문구의 제조와 사용, 원고 교정과 조판·인쇄, 우편물 처리와 배달이 있어야 하고, 마지막으로 독자들의 관심과 지식, 그리고 (그것을 읽고 이해하는) 정신력이 있어야 글쓴이가 그 글을 쓴 목적이 달성된다. 관계들(인연)의 이러한 예는 가장 간단하고 명백한 것이다. 만일 한걸음 더 나아가 고찰하면, 단 하나의 관계도 다른 무수한 관계들과 연결되어 있는데, 관계들이 이렇게 서로 연결되어 있는 현상이 곧 '인연因緣'이라는 것이다. 인因과 연緣이 한데 모이면 사물이 출현하고, 인과 연이 흩어지면 사물이 소멸한다. 이것을 '연생연멸緣生緣滅'이라고 한다.

우주의 만물은 연생연멸하므로 모두 부단히 변화하고 무상하다. 이는 모든 현상이 잠정적이고 일시적이며 환적幻的임을 말해준다. 작은 물거품에서 전체 세계, 나아가 대우주의 별들에 이르기까지, 그 무엇도 영구적이지 않다. 만일 그 무엇도 영구적이지 않고 실체가 없다면, 이것은 일체가 공하다는 것을 증명한다. 그래서 불교에서는 이런 도리를 "연緣으로 생겨나고, 성품이 공하다[緣生性空]"고 이야기한다.

사람들이 불교를 줄곧 '공문空門'(공을 가르치는 체계)이라고 불러 온 것은 이 때문이다. 그러나 많은 사람들은 불교에서 말하는 '공空'의 의미를 오해한다. 불교의 공空이란, 고정불변인 사물은 아무것도 없다는 뜻이다. 이러한 공은 그 사물이 실체가 없다는 의미이지, 그것이 존재하지 않는다는 의미가 아니다. 많은 사람들은 공空을 아무것도 없다는 뜻으로 여긴다. 사실 불교에서 연생緣生의 개념을 사용하는 것은 사물을 분석하여 그것이 실체가 없음을 설명하기 위해서이다. 예컨대 자동차를 화학자의 안목으로 분석하면, 그것은 자동차로서 실재하지 않고 다양한 원소들과 관계들의 한 결합일 뿐이다. 다만 현상적으로 말하면, 그 자동차가 심하게 손상되어 용광로로 들어가 새로 주조되기 전까지는 자동차는 여전히 자동차이다.

그래서 불교에서 모든 것이 "연緣으로 생겨나고, 성품이 공하다"고 이야기하는 것은, 우리가 사물의 본질을 분석하고 통찰하여, 우리가 실체 없는 환적인 세계 속에서 살고 있고, 따라서 환적인 명예·이익·재물에 대한 욕심의 제물이 되면 안 된다는 것을 알아차리게 하기 위해서이다. 이것을 일러 '꿰뚫어보고[看破] 놓아버린다[放下]'고 한다. 즉, 현상들의 환적인 성품을 꿰뚫어보고, 명예·이익·재물에 대한 끝없는 욕심을 놓아버리는 것이다. 이는 그것들의 현상적 존재를 부인하는 것이 아니다. 불교도들이 현상들의 본체가 공空하다고 말하기는 하지만, 그 환적인 현상들을 떠나서 존재할 수는 없다. 왜냐하면 생사에서 해탈할 수 없는 사람들은 결국 업을 짓고 업보를 받기 때문이다. 업력業力도 환적인 것이지만, 그럼에도 그것은 존재들을 끌어올리거나 끌어내려 괴로움과 즐거움을 경험하게 할 수 있다.

여기서 우리가 잊지 말아야 할 것은, 모든 현상들의 환적인 나툼[幻現]과 환적인 존재[幻有]는 중생들의 업력에 의해 생겨난다는 것이다. 그래서 만약 우리가 "연緣으로 생겨나고, 성품이 공空한" 도리를 투철하게 깨달을 수 있으면, 그 환적인 현상들의 유혹과 압박을 받지 않고, 그것들의 노예가 되지 않으며, 자유자재함을 얻게 될 것이다. 이것이 바로 생사에서 해탈하는 공부이다. 사람이 일단 바깥 경계境界에 끄달리지 않게 되면 생사의 업을 짓지 않을 수 있고, 그러면 생사에서 벗어나거나 자신의 생사를 스스로 주도할 수 있게 된다. 이것이 바로 불교의 근본 교의이다.

9. 불교의 기본 교리는 무엇인가?

　원칙적으로 말해서 불교에는 어떤 교리[敎條]도 없다. 만일 그에 가까운 것이 있다면 계율이다. 그러나 불교의 계율은, 다른 종교들에서처럼 신神과의 맹약이 아니고, 그래서 신비성을 띠고 있지도 않다. 불교의 계율은 윤리적 요구에 근거하여 나온 것이고, 그래서 순전히 이성적인 것이다.

　불교의 기본 계율은 오계五戒·십선十善이지만, 불교도들이 닦는 계율은 등급이 여러 가지이다. 재가자의 오계·십선과 팔계八戒, 출가자의 십계十戒·비구계·비구니계가 있고, 대승의 보살계菩薩戒도 있다. 그러나 모두 오계·십선을 기초로 한다. 즉, 다른 계율들은 오계·십선을 승격 또는 세분한 것이라고 할 수 있다. 따라서 오계·십선을 잘 지키고 온전히 행할 수 있으면 다른 계율도 지키기가 그리 어렵지 않다.

　오계五戒는 불살생不殺生·불투도不偸盜·불사음不邪婬(사통私通)·불망어不妄語·불음주不飲酒이다. 십선十善은 오계를 확장하고 심화한 것으로, 나쁜 행위를 경계하고 선을 행하도록 하는 것이다. 표로 살펴보면 오른쪽과 같다.

　요컨대 불교의 계율은 "모든 악을 범하지 말고 모든 선을 행하라(諸惡莫作 衆善奉行)"는 것이다. 우리의 몸과 마음·가정·사회·국가·인류

[오계五戒와 십선十善]

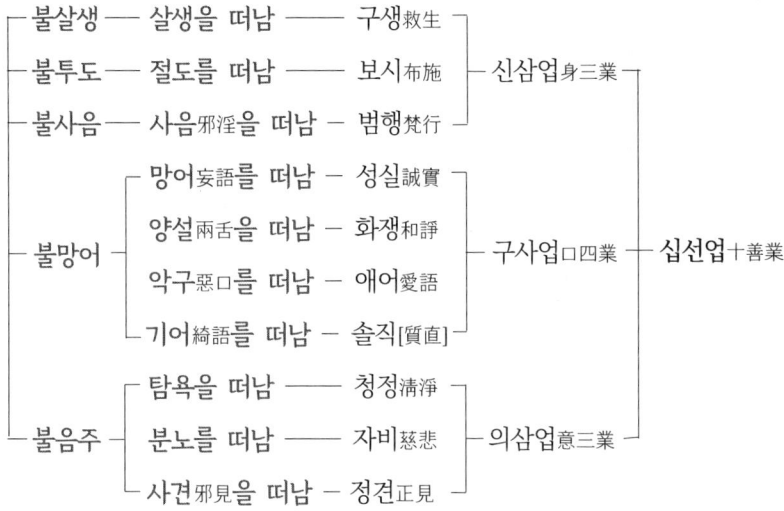

에게, 혹은 어떤 유정중생에게 해를 끼치는 모든 행위는 오계의 범주 내에 들고, 따라서 범해서는 안 된다. 반면 자신과 남에게 참으로 이익이 되는 일은 힘써 행해야 한다. 악을 범하는 것은 계戒를 범하는 것이고, 선을 행하지 않는 것도 계를 범하는 것이다.

그러나 불교는 열려 있다. 만일 자신이 하는 일이 범계犯戒 행위인 줄 모른다면, 그 행위는 파계破戒라고 볼 수 없다. 또 범계犯戒의 의도가 없었다면, 설사 계를 범했다 해도 파계의 죄가 되지 않는다. 만약 범계犯戒의 의도가 있었다면, 결과적으로 계를 파한 것이 아니었다 해도 죄가 된다. 예컨대 어떤 여인이 나쁜 사람에게 성폭행을 당할 때 음욕의 쾌락을 느끼지 않았다면, 설사 몸을 더럽혔다 하더라도 그녀는

9. 불교의 기본 교리는 무엇인가? 43

계를 범했다고 할 수 없고, 여전히 청정하다.

계를 파할 마음이 있고[心], 실제 그 상황에 있고[境], 그 행위를 실행한다[事]는 세 가지 요소가 함께 갖춰질 때[1] 비로소 파계의 죄가 성립된다.

---

1) *T.* 어떤 행위를 마음 속으로 의도해도 실제 그 행위를 할 수 있는 상황이 아니면 범계가 아니며, 실제적 상황에 있었다 해도 범계의 의도가 없었다면 범계가 아니다. 따라서 의도와 상황이 동시에 충족되어야(心境相應) 하고, 여기에 실행행위[事]가 있어야 한다.

10. 불교를 믿으면 반드시 채식을 해야 하는가?

아니다. 불교에서 채식[素食]을 권장하기는 하지만, 모든 불교도가 일률적으로 채식을 해야 한다고 요구하지는 않는다. 채식은 대승불교의 특색인데, 이는 일체의 유정중생有情衆生들에 대한 자비심 때문이다. 남방불교 국가에서는 출가한 비구들도 모두가 채식을 견지하지는 않는다. 티베트의 라마들도 채식을 지키지 않지만, 그들은 자신이 직접 살생을 하면 안 된다.

오계五戒의 첫 번째가 '불살생'이기 때문에, 불교도가 된 뒤에는 채식을 할 수 있다면 그것이 최선이다. 그러나 가정에서나 사회에서 채식이 어렵다면 채식을 하지 않는 것도 용납될 수 있다. 그러나 어떤 경우에도 자신이 직접 (동물을) 도살하거나 남을 시켜 도살을 해서는 안 된다.1) 이미 도살된 동물의 고기를 사서 집에 가져오는 것은 무방하다.

---

1) T. 그물·올무 등으로 짐승을 잡거나 어망이나 낚시로 물고기나 어패류를 잡는 것은, 그 자체 '도살'은 아니라 해도 이내 그 동물을 죽게 만들므로 도살에 준한다고 볼 수 있다.

11. 흡연·음주·도박에 대한 불교적 견해는 무엇인가?

불교 계율에는 흡연을 금지하는 규정이 없다. 심지어 부처님은 열대성 질병을 막기 위해 부처님이 비구들에게 흡연을 허락하기까지 했다. 그러나 좋은 풍속과 위의威儀를 위하여, 중국불교도들은 줄곧 흡연을 자제해 왔다. 불교는 몸에 해로운 마약이나 자극제 사용을 금지하며, 그래서 '불음주'가 오계의 하나이다. 음주 그 자체는 죄악이 아니지만, 술을 마신 뒤에는 죄가 되는 행위를 유발할 가능성이 많다. 이런 관점에서 불교는 아편이나 헤로인 등 좋지 않은 물질의 사용을 허용하지 않는다. 도박으로 말하면, 그것은 기본적으로 기력과 재물의 낭비, 파산과 의기소침을 가져올 수 있기 때문에 불경에서 엄격히 금지하고 있다.[1] 도박은 그 자체로 일종의 사기적 행위이고, 심지어 살인·절도·비방·폭언 등의 죄까지 범할 수 있다. 그래서 불교는 도박을 엄격히 금하는 것이다.

---

1) 『장아함경』, 善生經을 보라. T01n0001_011_p0070b25~27.

12. 불교를 믿는다면 출가해야 하는가?

아니다. 불교의 종지宗旨(근본목표, 핵심취지)는 생사에서 해탈하는 것이고, 출가出家가 생사에서 해탈하는 데 가장 좋은 길이기는 하다. 그러나 출가한 사람이 수행을 부실하게 하거나 법을 얻지 못하면, 생사에서 해탈하지 못한다. 반면에 출가하지 않은 사람도 올바르게 수행하면 생사에서 해탈하지 못한다는 법이 없다. 소승불교는 해탈도解脫道에 주로 의지하는데, 재가자도 수행하여 소승의 제3과(아나함과)를 성취할 수 있다. 제3과는 아직 삼계三界를 벗어난 것은 아니지만 사실상 윤회를 벗어난 것이다. 왜냐하면 죽은 뒤 색계色界의 정거천淨居天에 날 것이고, 거기서 제4과인 아라한阿羅漢을 성취하여 해탈의 경지에 들 것이기 때문이다. 그래서 재가자가 제3과를 증득하면 거의 해탈한 것이나 다름이 없다.

대승불교의 관점에 비추어 말하자면, 보살들은 중생들을 교화·제도하기 위해 여러 가지 모습으로 도처에서 응신을 나투는데[隨類應現], 지장보살과 미륵보살을 제외한 대다수 유명한 대보살들은 재가자의 모습으로 왔다. 예컨대 인도의 유마힐維摩詰(Vimalakīrti) 거사와 승만부인勝鬘夫人(Śrīmālā)은 모두 부처님을 대신하여 설법을 할 수 있었던 재가자였다. 그래서 보살도菩薩道를 진정으로 행하는 불교도라면 반드시 출가할 필요는 없다. 출가인들은 불교 내에서 숭고한 지위를 가지고 있는데, 이는 그들이 불교 교단을 유지하면서 불교가 세간에서 존재하고 전파될 수 있게 하기 때문이고, 또한 불교 내에 윤리제도(계율)가 있기 때문이다. 간단히 말해서, 출가한 불교도들은 불교의 뼈대이고, 재가의 불교도들은 피부이고 살이다. 본체의 면에서 말하면 출가자들이 중요하고, 작용의 면에서 말하면 재가자들이 중요하다. 그래서 불교도는 출가를 할 수도 있지만, 반드시 출가를 해야 하는 것은 아니다.

조원사에서의 폐관 기념사진(1963. 9. 30). 앞줄 오른쪽에서 세 번째가 성엄 스님이다.

13. 불교의 신행자들에는 어떤 등급이 있는가?

불교는 본질적으로 평등을 주장한다. 그래서 사람은 누구나 불교를 신앙할 권리가 있고, 누구나 부처가 될 잠재력이 있다. 그러나 불교도들의 수행과 성취의 수준은 서로 다르다. 더욱이 각자 받은 계율의 유형이 달라서 불교도에는 9가지 등급이 있다. 즉, 근사남近事男(우바새)·근사녀近事女(우바이)·근주남近住男·근주녀近住女·사미沙彌·사미니沙彌尼·식차마니式叉摩尼(shichamona)·비구·비구니가 그것이다.

삼귀오계三歸五戒를 받은 재가 남녀를 '근사近事'라고 하며, '팔계八戒'를 받거나 절에서 거주하는 재가 남녀를 '근주近住'라고 한다. 십계十戒를 받은 출가 남녀를 사미·사미니라 하고, 구족계具足戒를 받은 출가 남녀를 비구·비구니라고 한다. 식차마니(식차마나)는 사미니와 비구니 사이에 거쳐야 하는 과정이지만, 중국불교에서는 이미 잊혀진 지 오래된 명칭이다. 이 단계를 둔 목적은 혹시 여자가 임신하지 않았는지, 그리고 출가생활에 적응할 수 있는지 알아보기 위해서였다.

보살계菩薩戒를 받은 사람은 위 등급에 들어가지 않는다. 누구든지, 심지어 동물과 같이 인간이 아닌 존재도 보살계를 수지受持할 수 있기 때문이다.

14. 우리는 어떻게 불교도가 되는가?

기독교의 신구新舊 각종 교파는 세례를 중시하며, 세례를 받은 뒤에야 자격 있는 기독교도로 간주된다. 이것은 인도의 외도들이 '성스러운 강'에서 목욕하면 죄를 씻을 수 있다고 하는 미신행위와 비슷하다.1)

그러나 바른 믿음의 불교도가 되고 싶다면 '불佛·법法·승僧' 삼보三寶에 귀의하는 의식을 거쳐야 한다. 이 의식의 의미는 왕의 대관식이나 대통령의 취임식, 혹은 정당에 당원으로 가입하는 의식의 의미와 흡사하다. 그것은 가슴에서 우러난 충성의 표현이고, 열렬한 약속이며, 우러름의 기도이자, 새로운 삶의 시작이고, 정성스러운 귀의이다. 그래서 불교에서는 이것은 매우 중요하게 여긴다. 그렇게 하지 않으면, 설사 부처님을 믿고 숭배한다 하더라도 그 사람은 불교의 정식 학생이 아니라 등록하지 않은 청강생인 것이다. 이 의식은 우리의 신심과 헌신을 강화하는 기능을 한다.

---

1) 『증일아함경增一阿含經』卷六 利養品: "어떤 바라문이 부처님에게 손타라강孫陀羅江 옆에서 목욕하여 죄를 씻으시라고 권했는데, 부처님은 그에게 '주지 않은 것은 갖지 않고, 살생하지 않고, 거짓말하지 않고, 모든 사람을 공평하게 대하는 것으로써 죄를 씻어야 한다'고 말씀하셨다." T02n0125_006_p0574c09~24.
T. 기독교의 '세례'는 물을 사용하는 하나의 관습적 의식이라고 볼 수 있다. 힌두교도들이 성스러운 강에서 목욕하여 '죄를 씻는다'는 것은 미신일 수 있지만, 몸 안의 어떤 탁한 기운들이 정화될 수는 있다. 특히 갠지스 강은 그런 정화력이 있다고 알려져 있다.

삼귀의三歸依 의식에서는 출가한 스님 한 분이 그것을 증명하면서, 다음과 같은 삼귀의 문구를 따라하게 한다.

"저 아무개는 목숨이 다할 때까지 부처님께 귀의하고, 목숨이 다할 때까지 법에 귀의하며, 목숨이 다할 때까지 승가에 귀의합니다."(세 번)

"저 아무개는 부처님께 귀의하였으니, 차라리 목숨을 버릴지언정 천마天魔나 외도外道에 귀의하지 않겠습니다."

"저 아무개는 법에 귀의하였으니, 차라리 목숨을 버릴지언정 외도外道의 삿된 가르침에 귀의하지 않겠습니다."

"저 아무개는 승가에 귀의하였으니, 차라리 목숨을 버릴지언정 외도의 삿된 무리에 귀의하지 않겠습니다."

삼귀의 의식은 간단하면서도 엄숙하데, 주안점은 우리가 오롯한 마음으로 삼보에 귀의하고, 삼보를 의지하고 우러르며, 순수하고 굳건한 신심을 확립하는 데 있다. 삼보에서 '불佛'은 부처님, '법法'은 부처님의 가르침, '승僧'은 불법을 전파하는 스님들을 말한다. 이 세 가지 대상에 귀의하면 당장은 심신의 평안을 얻고, 장차 생사에서 해탈하여 성불하는 위없이 지극한 보배를 얻을 수 있다. 그래서 이들을 '삼보'라고 하며, 그래서 불교를 신앙하는 것도 '삼보에 귀의함'이라고 하는 것이다.

15. 불교도들은 왜 삼보三寶를 신앙하는가?

삼보三寶를 신앙하는 것은 확실히 불교의 특징적인 면모이다. 다른 유신론적 종교의 추종자들은 하느님만을 믿거나(유태교와 이슬람교), 성부·성자·성령을 믿거나(개신교), 아니면 거기에 성모聖母를 추가하여 숭배한다(가톨릭). 불교는 무신론적 종교이기 때문에 부처님을 신으로 숭배하지 않고, 부처님을 유일무이한 분으로 여기지도 않으며, 부처님이 만물을 창조할 수 있다거나 인류의 죄악을 사면해 줄 수 있다고 생각하지도 않는다. 오히려 불교에서 부처님은 학생들을 지도하여 그들의 기질을 변화시키고, 지식을 얻게 하며, 심신을 수양하게 도와줄 수 있는 선생님과 같다. 선생님은 학생들을 대신해서 공부할 수 없고, 그들을 대신해 상급학교로 진학할 수 없다.

그래서 불교에서의 신앙은 순전히 이성적인 것이고, 순전히 윤리적인 것이다. 불교도들이 부처님을 숭배하는 것은 자녀가 부모를 효성스럽게 공경하는 것과 같은데, 그것은 보은報恩의 마음에서 나오는 것이다. 바른 믿음의 불교도는 결코 화禍를 면하고 복을 얻기 위해 부처님을 숭배하지는 않을 것이다. 부처님의 원력이 기도하는 사람의 마음의 힘에 감응하여 신비로운 기적을 일으킬 수는 있지만, 거기서 주된 요소는 역시 그 기도자 자신이다. 만일 그 자신의 정해진 업[定業]이 발현되면, 설사 기도를 한다 해도 부처님도 그를 도와줄 수 없다. 만일 우리가 부처님이 말씀하신 정법正法에 따라서, 예컨대 보시布施・지계持戒・인욕忍辱・정진(노력)・선정禪定・지혜 등의 행위를 할 수 있다면, 과거의 업력을 변화시킬 수 있다. 즉, 무거운 죄업에 대한 과보가 가벼워지거나, 가벼운 죄업에 대한 과보가 소멸할 수도 있다. 이것은 업력의 현행現行(발현)이 씨앗의 발아・성장과 마찬가지로 보조적 연緣들의 도움에 의지해야 하기 때문이다. 씨앗이 햇빛・공기・물・토양・비료와 사람의 보살핌을 만나면 빨리 자라서 큰 식물이 된다. 반대로 이런 보조적 연들이 부족하거나 없으면, 그 씨앗은 느리게 자라 연약한 식물이 되거나, 아니면 아예 싹이 트지 못할 것이다. 불교에서는 선악의 업을 짓고 그 과보를 받는 과정도 이 도리와 마찬가지라고 본다. 그래서 부처님의 숭고함과 위대함은 만물의 창조나 죄의 사함에서 오는 것이 아니라(근본적으로 누구도 남의 죄를 사해 줄 수 없으며, 유일신 종교의 죄 사함 관념은 신권神權과 독단이 혼합된 산물이다), 부처님이 친히 해탈법을 깨닫고 그것을 설하여 우리가 여법하게 수행하도록 해주셨다는 데서 온다. 그렇게 수행한 뒤에는 해탈할 수 있고, 부처님과 마찬가지로 남들이 성불할 수 있게 도와줄 수도 있다.

그래서 불교도들이 왕왕 자신을 '불교도'로 칭하고 싶지 않으면, 차라리 '삼보三寶의 제자'로 칭하는 것이 낫다. 왜냐하면 불교를 창시한 분은 부처님이지만, 불교에서 중시하는 것은 '부처'라고 하기보다 오히려 '법'이라고 하는 것이 낫기 때문이다. 부처님은 남을 대신하여 해탈시켜 줄 수 없지만, 법은 사람이 스스로 해탈하도록 해줄 수 있다. 부처님을 숭배한다는 것은, 당신이 깨달아서 그것을 우리에게 설해 주신 은덕을 숭배하는 것이다. 부처님은 3대무수겁大無數劫[1] 동안 보살도를 닦은 결과 해탈법을 친히 깨달으셨고, 깨달으신 뒤에는 당신이 알게 된 모든 것을 숨김없이 우리에게 내놓으셨다. 그래서 이런 은덕의 숭고함과 위대함은 세간의 모든 덕행을 다 합친 것보다도 백 천 만 배에 이른다. 어디 백 천 만 배뿐이랴? 그것은 실로 비유할 수도 없고 생각으로 헤아릴 수도 없다.

그러나 불법佛法의 전파는 부처님의 간부 제자들, 곧 '승僧'(스님들)에게 의존할 수밖에 없다. '승僧'에는 보살승菩薩乘(예컨대 문수보살·미륵보살·관음보살·지장보살), 성문승聲聞乘(사리불舍利弗·목건련目犍連·대가섭大迦葉 등 아라한들), 범부승凡夫僧(지계持戒가 청정하고 스스로 정법正法을 닦으며, 남들에게 법을 설하는 비구·비구니들)이 있다. '승僧'으로 인해 부처님의 정각해탈正覺解脫의 법이 전파되고 우리에게 전수될 수 있다. 그래서 '승僧'의 은덕도 무량하다.

불법을 확장·발전시키는 일[弘揚佛法]은 출가인들에게 국한되지 않으며, 재가자들도 할 수 있다. 그러나 불법을 보존·유지하는 일[住持佛法]은 출가한 불자들이 아니면 할 수 없다. 소위 '불법을 보존·유지하는 일'이란 불법을 대표하고, 불법을 상징하며, 불법을 지켜서 그것이 세간에 머무르게 하는 것을 가리킨다. 예컨대 일반인이 거리에서 스님

---

1) *T*. '3대무수겁' 혹은 '3아승기겁'은 보살이 부처가 되기 전에 경과하는 세 겁이다. 『우바새계경優婆塞戒經』卷一 修三十二相業品에서 부처님은 이렇게 말한다. "나는 보정불寶頂佛 계신 곳에서 제1아승기겁을 충족했고, 연등불燃燈佛 계신 곳에서 제2아승기겁을 충족했고, 가섭불迦葉佛 계신 곳에서 제3아승기겁을 충족했다."(T24n1488_001_p1039a18~a20).

을 보면 곧 불교를 연상하지만, 재가자를 보면 불교를 연상하지 않을 것이다(그 재가자가 자신은 불교도라고 분명하게 밝히지 않는 한. 그러나 재가자가 누구를 만날 때마다 자신을 불교도라고 말하기는 어려울 것이다.)

그래서 불법佛法을 발견한 것은 부처님이고, 불법의 중심은 정법正法이며, 불교를 세간에 머무르게 하는 것은 스님들[僧衆]이다. 불佛·법法·승僧 삼보 중에서 우리가 고통을 벗어나 행복을 얻게[離苦得樂] 하는 법보法寶가 1차적으로 중요하다. 법보는 부처님이 깨달아서 설하신 것이고, 스님들이 그것을 유지하고 전수할 수 있다. 그래서 모두 '보배[寶]'라고 하는 것이다.

부처님이 세상에 계실 때 불교에서 귀의歸依의 중심은 부처님이었다. 부처님이 입멸하신 뒤에는 귀의의 중심이 승단이었다. 삼보에 귀의하는 것은 법보法寶를 배우기 위함이고, 법보를 배우려면 승보僧寶가 잘 이끌어 주어야 한다. 여기에는 사상을 전수하는 것과 행行으로 영향을 주는 것이 포함된다. 그래서 부처님 입멸 후에는 삼보에 대한 공양의 대상이 주로 승보가 되었다. 또 불교에서는 "법에 의지하지 사람에 의지하지 말라(依法不依人)"[2]고 하기 때문에, 정법의 전파와 (정법에의) 귀의가 특히 중시된다. 승려의 생활과 행위는 그들의 개인적 일이니, 그들의 견해가 올바르고 그들이 불법을 설할 수만 있다면, 설사 그들이 계戒를 파했다 하더라도 재가자들은 그들을 공경하고 공양해야 한다. 이것은 윤리, 곧 사회적 직분이 다른 사람들 간의 인간관계의

---

2) T.『大方等大集經』卷第二十九, T13n0397_029_p0205a03.

도리에서 나오는 요구이며, 사람들이 말하는 "천하에 그른 부모는 없다(天下無不是的父母)"3)는 것과 비슷하다. 또 그것은 초등학교 때의 은사가 대학교육을 받지 못했다 해도, 대학을 졸업한 제자는 예전의 은사를 존경해야 하는 것과 같다.

그래서 바른 믿음의 불교도에게, 불보佛寶를 숭배하는 것은 법보 때문이고, 법보를 믿고 받아들이기 위해서 승보를 숭배하는 것이다. 대보살들을 숭배하는 것도 승보에 대한 공경의 일종이다. 깨달은 스님들[聖僧]이나 대보살·아라한들은 당연히 공경하고 공양해야 하며, 계戒를 지키고 법을 설할 수 있는 범부승도 공경하고 공양해야 한다. 나아가 계戒를 지키지 못하지만 바른 견해[正見]를 가지고 있고 정법을 설할 수 있는 출가인도 공경하고 공양해야 한다(중요한 것은 그들이 바른 견해를 가지고 있고, 정법을 설할 수 있다는 것이다). 사실 부처님이 가신 지 오래인 이 시대에는 깨달은 스님들을 만나기 어렵다. 그래서 공경의 대상은 범부인 비구·비구니 스님들일 수밖에 없다. 경經에서는 범부승에게 공양하는 것도 깨달은 스님들께 공양하는 것과 차이가 없고, 어느 쪽이든 모두 불가사의하고 무량한 공덕이 있다고 말한다.

불교의 뛰어남과 장엄함은 '삼보三寶'라는 두 글자에 다 포함된다. 그래서 불교를 신앙한다는 것은 곧 삼보를 신앙하는 것이다. 부처님 시대에—지금도 태국·미얀마·스리랑카에서는 그렇지만—승보에 대한 신앙은 당연한 것이었다. 그러나 중국불교에서 스님들을 공경한다는 관념은 결코 보편적 풍조가 되지 못했는데, 이는 아마도 스님들의

---

3) T. 설사 부모가 잘못된 행위를 해도 자식은 여전히 부모를 존경해야 한다는 뜻이다.

자질이 고르지 않았기 때문일 것이다. 일반적으로 존경 받는 출가인은 소수의 고승들일 뿐이다. 근기가 나은 사람들[上焉者]은 고승들의 덕과 학식을 공경하고, 근기가 못한 사람들[下焉者]은 고승들을 신비한 도[神道]로 삼아 맹목적으로 숭배한다. 고승들을 신앙하는 이런 풍습 때문에, 자질이 떨어지는 일부 스님들이 이상한 행동을 하여 저급한 신도 神道 식의 숭배를 얻으려고 한다.4) 이런 것들은 모두 시급히 교정되어야 할 관념이며, 바른 믿음의 불교도는 결코 그런 식으로 행동하지 않을 것이다.

---

4) 『易經』'관괘觀卦'에 이르기를 "하늘의 신비한 도를 보니 사계절이 어긋나지 않고, 성인이 **신비한 도로써** 가르침을 베푸니 천하가 복종한다(觀天之神道, 而四時不忒, 聖人以神道設教, 而天下服矣)"고 했고, 『易經』'觀卦'의 소疏에 이르기를 "미묘하여 위치가 없고, 지성으로 알 수 없고, 눈으로 볼 수 없고, 왜 그런지 모르지만 그러한 것을 **신비한 도**라고 한다(微妙無方, 理不可知, 目不可見, 不知所以然而然, 謂之神道)"고 하였다. T. 『易經』에서 말하는 '神道'는 불가사의한 자연의 도리이지만, 여기서는 맹목적으로 신봉하는 '신비한 영적 권위'의 의미이다. 위에서 '소疏'란 당나라 때의 유학자 공영달 孔穎達(574-648)의 『주역정의周易正義』에 나오는 疏를 가리킨다.

16. 창녀·도축업자·어부·사냥꾼·주류판매자도 불교를 신앙할 수 있는가?

할 수 있다. 불교의 은덕은 큰 바다와 같이 넓다. 신심만 있다면 누구나 불문佛門에 들어 삼보三寶의 제자가 될 수 있다.

불교의 오계는 사음邪淫·살생·음주를 금하고 있다. 그러면서 이런 행위를 악업惡業, 사업邪業 또는 부정업不正業이라고 부른다. 그러나 섬에 사는 사람들은 고기를 잡지 않고는 생활을 할 수 없을 것이고, 산에 사는 사람들은 사냥을 하지 않고는 허기를 면할 수 없을 것이다. 가난한 여인들 중 어떤 이들은 몸을 팔거나, 웃음을 팔거나, 춤의 파트너가 되지 않으면 다른 직업으로 최저한의 생활도 꾸려가지 못할지 모른다. 그리고 많은 도축업자와 주류판매자들은 선대先代가 그런 일을 했기 때문에 자신들도 그런 기능밖에 배우지 못했을 수 있다. 만약 그들이 하는 일이 생존을 위한 것이라면, 불교는 결코 그들에게 원래 가지고 있던 직업을 버리고 불교를 믿으라고 요구하지 않는다. 그러나 일단 그들이 불교도가 되고 나서 만약 직업을 바꿀 수 있다면, 불교는 그들이 그렇게 하는 것을 적극 권장할 것이다. 왜냐하면 불교의 종지宗旨는 모든 사람들이 선량하고 정당한 직업에 종사할 것을 권하기 때문이다. 그 자체가 일종의 죄인 그런 직업들을 피해야 하는 것은 더 말할 나위가 없다. 계戒를 받지 않은 사람은 파계破戒의 죄를 짓지는 않지만, 그래도 그런 행위의 본질에 내재된 죄과罪過는 있게 마련이다.

만일 각자의 현실 여건상 직업을 바꿀 수 없다면, 불교는 그들이 계를 파하는 것으로 보지 않을 것이다. 왜냐하면 불교도가 되는 첫걸음이 삼보三寶에 귀의하는 것일 뿐이기 때문이다. 계를 받고 계를 지키는 것은 불교에서 바라는 것이고 많은 공덕이 있기는 하나, 억지로 할 것은 아니다. 만일 계를 지킬 생각이 없다면 계를 받을 필요가 없고, 계를 받지 않았으면 파할 계가 없고, 파계의 죄도 없다. 만약 계를 받고 싶으면 나중에 언제든지 받을 수 있고, 오계五戒 중에서 몇 가지만 받아도 된다. 계를 받은 뒤에도 지킬 수 없다면 언제든지 계를 포기할 수 있고, 포기한 뒤에 다시 악업을 지어도 계를 범한 것으로 간주되지 않는다. 계를 포기한 뒤에도 다시 새롭게 계를 받을 수 있다. 그러나 계를 포기하지 않고 계를 파하면 죄를 범한 것이다!

불교는 매우 관대하다. 비록 가장 기본적인 오계를 수지하지 못한다 해도, 삼보에 대해 한 생각 신심이나 미미한 존경의 마음을 일으키기만 해도 큰 공덕이 있고, 미래에 반드시 성불할 선근을 심은 것이다. 하물며 삼보에 귀의했다면 어떻겠는가? 삼보에 귀의한 뒤에는 다른 종교를 신봉하지 말 것을 요구할 뿐, 반드시 오계를 받도록 요구하지는 않는다. 그래서 불교는, 불교를 신앙할 뜻을 가진 어떤 사람도 거절하지 않는다.

17. 불교는 참회의 효능을 믿는가?

그렇다. 불교는 참회懺悔의 효능[功能]을 확실히 믿는다.

불교는 살생·투도偸盜·사음邪淫·대망어大妄語(자기가 성인이라고 망령되게 칭하기) 등과 같은 중대한 죄를 범했을 때는 그 업에 따른 과보가 분명히 있고, 그 밖의 미수죄, 과실로 인한 범계[過失犯戒], 위의를 지키지 못한 범계[威儀犯戒] 등의 죄업은 부처님이 정해 두신 방법으로 참회할 수 있다는 것을 믿는다.

참회의 작용은 털끝만큼도 봐줌이 없이 자기반성과 자기단속을 하고, 스스로 깨달아 경계하며 자존감으로 마음을 깨끗이 하여 이후로는 같은 실수를 반복하지 않는 데 있다. 과오를 바로잡아 자신을 새롭게 하겠다고 결심하고, 지난 일은 이미 지나갔고 다시 추구할 필요가 없다는 것을 깨달을 수 있으면, 마음이 죄책감에서 벗어나 평정을 되찾게 될 것이다. 이것이 참회의 효능이다. 죄를 저지른 뒤에는 그것을 정직하게 드러내야 한다(그 경위와 경중輕重을 대중들에게, 몇 명의 사람에게, 한 사람에게, 혹은 자신의 양심에게 드러내고, 진정한 후회와 다시는 같은 죄를 범하지 않겠다는 결의를 보여야 한다).[1] 그렇지

---

1) *T*. 이것은 원칙적으로 스님들의 자자自恣와 포살布薩을 가리킨다고 생각되지만, 사찰이나 수행공동체의 중요한 구성원인 재가자들도 비슷한 방식으로 참회할 수 있을 것이다.

않으면 그 비행非行의 그림자가 마음의 저변에 오래 저장되어 있다가 훗날 과보를 받는 종자가 될 것이다. 참회를 한 뒤에는 그 종자가 즉시 소멸된다.

그러나 참회의 목적은 자신의 마음을 정화하여 같은 죄를 다시 되풀이하지 않기 위한 것이다. 만일 반복해서 죄를 짓고 참회하고, 또 죄를 짓는다면, 그 참회의 효능이 사라지고 말 것이다. 불교의 참회는 기독교에서 하느님에게 죄 사함을 기도하는 것과는 사뭇 다르다. 불교는 어떤 신도 남의 죄를 사해줄 힘이 있다고 믿지 않는다. 불교의 참회는 오염된 마음을 깨끗이 하여 그것의 청정함을 회복시키는 데 그 뜻이 있다.

18. 불교는 천당과 지옥의 존재를 믿는가?

그렇다. 불교는 천당과 지옥의 존재를 털끝만큼도 의심하지 않는다. 왜냐하면 천당과 지옥은 모두 생사윤회의 범위 안에 있기 때문이다. 생사의 한계를 벗어나지 못하는 한, 사람은 누구나 천당과 지옥을 경험할 수 있고, 실은 누구나 과거 어느 땐가는 천당과 지옥을 가 보았다고 말할 수 있다.

오계·십선을 높은 수준으로 닦는 사람들은 천당에 나고, 십악·오역의 큰 죄를 저지른 사람들은 지옥으로 떨어진다. 괴로운 과보[苦報]를 다 받은 지옥 중생들은 천당에 날 수도 있고, 즐거운 과보[福報]를 다 누린 천당 중생들은 다시 지옥으로 떨어질 수도 있다. 그래서 불교에서는 천당이 비록 좋은 곳이기는 하나 궁극의 낙원이 아니고, 지옥이 괴로운 곳이기는 하나 거기서도 벗어날 날이 있다고 믿는다.

한편 사람들이 선업을 닦는 데는 차이가 있어서 천당에도 차등이 있고, 악업을 짓는 데도 경중의 차이가 있어서 지옥에도 등급이 있다.

불교에서 말하는 천당은 모두 3계 28천으로 나누어진다.1) 인간계에 가까운 욕계천欲界天에는 모두 6단계가 있고, 그 위의 색계천色界天

---

1) *T.* 오른쪽 표 참조(이 표는 한국어판에 새로 넣은 것이다). 이 표에서 28천의 순서는 『佛祖統紀』卷第三十一(T49n2035_031_p0308d07 이하)에 따른 것이지만, 『아비달마구사론』卷第八에서는 색계가 '무상천' 없이 17천이고, '선현천'과 '선견천' 순서가 반대이다.

[삼계三界 28천天]

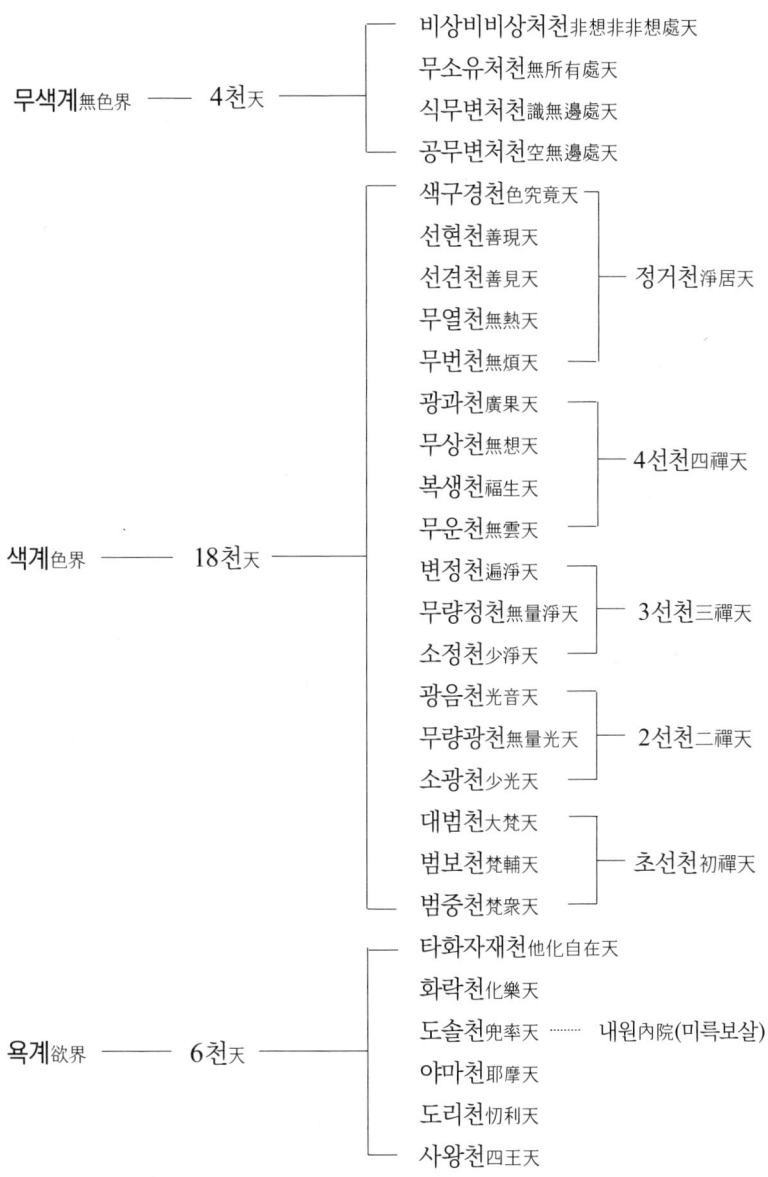

18. 불교는 천당과 지옥을 믿는가? 63

에는 모두 18단계, 그보다 더 위의 무색계천無色界天에는 모두 4단계가 있다. 사실 선업을 닦는 사람은 욕계 6천에 날 수 있을 뿐이다. 색계천 중에서 맨 위 5개 천인 정거천淨居天은 소승의 3과三果 성인(아나함)들이 거주하는 곳이고, 이 다섯 개 천을 제외한 나머지 색계와 무색계 천들은 모두 선정을 닦은 사람들이 나는 선정천禪定天이다.

불교에서 말하는 지옥에는 크고 작은 무수한 지옥이 있는데, 그것은 거기서 받는 괴로움의 과보가 서로 다르기 때문이다. 그것은 크게 근본지옥根本地獄·근변지옥近邊地獄·고독지옥孤獨地獄의 세 부류로 나누어지며, 불경에서 보통 '지옥'이라고 하는 것은 근본지옥을 가리킨다. 근본지옥에는 아래위 수직으로 배열된 8대 염열지옥炎熱地獄과, 사방에 횡적으로 연결된 8대 한빙지옥寒冰地獄이 있다. 그 중에서 각자가 범한 죄업의 정도에 따라 그에 맞는 지옥으로 가서 괴로움의 과보를 받게 된다. 속설에서는 어떤 사람이 지옥으로 떨어질 때 지옥의 옥졸獄卒들이 와서 그를 붙들어 끌고 간다고 하지만, 실제로 논하자면 천당에 나고 지옥에 떨어지는 것은 모두 각자의 업력에 따를 뿐이다. 천당으로 갈 업력이면 천당에 나서 복을 누릴 것이고, 지옥으로 갈 업력이면 지옥에 나서 괴로움을 받을 것이다.

19. 불교는 염왕閻王의 존재를 믿는가?

대체로 말해서 불교는 염왕閻王(염라왕)의 존재를 믿는다. 왜냐하면 많은 불경에 염왕閻王이 기록되어 있기 때문이다.[1]

그러나 불교가 염왕을 먼저 발견한 것이 아니라, 고대 인도의 종교적 관념을 받아들여 이것을 불교화한 것일 뿐이다.

고대 인도의 베다에서는 우주를 천계天界·공계空界·지계地界의 셋으로 나누는데, 천계天界에는 천신天神이, 공계空界에는 공신空神이, 지계地界에는 지신地神이 있다. 불교의 삼계三界, 즉 욕계·색계·무색계도 베다의 이 세 가지 개념에서 일부 영감을 받고, 관찰하여 분류한 것일 수 있다. 베다에서 염왕은 야마(Yāma)로 불리며, 본래 천신이었다가 나중에 모든 인간들의 최초 조상, 즉 최초로 죽은 사람이 되었지만, 죽은 뒤에는 천상에서 살았다. 그래서 『리그베다』에서는 사람이 죽고 나서 처음 만나 알현하는 신이 야마와 사법신 바루나(Varuna)라고 말한다. 그 뒤에 나온 『아타르바베다』에서는 야마가 인간의 죽음을 관장하고, 동시에 사후死後 재판권을 행사한다고 말한다. 천상의 이 야마는 기독교의 하느님과 약간 비슷하다. 이 야마가 불교에 들어와서 천상의 야마천왕耶摩天王과 지옥의 염라왕閻羅王으로 나눠지게 되었다.

---

[1] 예컨대 『中阿含經』 卷第十二 天使經. T01n0026_012_p0503c25~p0504c12.

염왕은 죽은 자에 대한 심판·관리·처분을 관장하며, 지옥에서 그의 지위는 천상의 하느님 지위에 해당하는 것이다. 불교에서는 하느님을 숭배하지 않기 때문에 당연히 염왕도 숭배하지 않는다. 더욱이 불교에서는 교화의 방편상 염왕의 존재를 믿기는 해도, 본질상 염왕의 독립성을 긍정하지 않는다. 그래서 일부 부파불교 교파는 염왕과 그 옥졸들이 지옥중생들의 업력의 소산이라고 믿었다. 불교는 '유식소현唯識所現', 곧 현상들이 식識의 소산일 뿐임을 믿는다.

게다가 바른 믿음의 불교는 사람이 죽은 뒤 반드시 염왕의 심판을 받아야 한다는 것을 인정하지 않는다. 대체로 아귀餓鬼들과 지옥중생들에 대해 염왕이 어떤 권능을 가졌다는 것만 인정할 뿐이다. 염왕이 옥졸들을 보내어 죽어가는 사람을 붙들어 간다는 것이 민간의 속설이지만, 불교는 '유식소현'의 관점에서 그런 속설에 반대하지 않는다. 그것은 그 사람의 식識의 변화에서 나오는 것이다. 그래서 불전佛典에도 비슷한 내용들이 나온다.[2]

청나라 때의 기효람紀曉嵐[3]은 그의 『필기筆記』에서, 지옥과 염왕의 세계에 대해 자신이 그것을 믿기는 하지만 여전히 이해되지 않는 점이 있다고 했다. 세계는 크고 사람들은 동양인과 서양인이 있는데, 저승에서 전해오는 소식에는 왜 중국인들만 있고 외국인들은 보이지 않느냐는 것이었다. 설마 중국인들의 저승과 외국인들의 저승이 관할이 다른 두 세계이기야 하겠느냐는 것이었다. 만약 기효람이 불교에서 말

---

2) *T.* 예컨대 앞에 나온 天使經, T01n0026_012_p0503c2를 보라.
3) *T.* 청나라의 문인(1724-1805). 이름은 기윤紀昀, 曉嵐은 자字이다. 『사고전서四庫全書』의 책임 편집자였고, 『열미초당필기閱微草堂筆記』라는 소설을 썼다.

하는 '유식소현'의 도리를 이해했다면 그런 의문은 쉽게 해소되었을 것이다. 중국인들의 마음속에는 중국형의 저승만 있으니, 당연히 연합국형 저승은 출현하지 않는 것이다.

20. 불교는 영가천도의 효험을 믿는가?

말할 필요도 없이 불교는 영가천도靈駕薦度의 효험을 믿는다.

그러나 영가천도[超度]의 효험은 일정한 한계가 있다. 영가천도는 사람이 죽은 뒤의 행로에 도움을 주는 하나의 보조적 수단이지 주된 힘이 되어 주지 못한다. 그래서 선善은 살아생전에 닦는 것이 최선이다. 어떤 사람이 죽은 뒤 살아 있는 사람들이 영가천도를 하고 선행을 하여 그 공덕을 망자亡者에게 회향할 수는 있다. 그러나 『지장경』에서 말하기를, 죽은 사람은 그 이익의 7분의 1만 받을 수 있고 나머지 7분의 6은 (그 의식을 거행한) 산 사람들에게 돌아간다고 한다.[1]

더욱이 바른 믿음의 불교는 영가천도의 방식에 있어서도 민간에서 하는 방식과 상당한 차이가 있다. 이른바 영가천도는 망자가 괴로운 세계를 벗어나서 좋은 세상에 환생하도록 돕기 위한 것이다. 이것은 가족과 친지들이 닦는 선업의 힘이 감응感應[2]을 일으키는 것이지, 승려들의 송경誦經 그 자체가 영가천도의 힘을 가진 것은 아니다. 영가천도를 해주는 사람들의 선업의 힘과 송경하는 승려들의 수행력이 감

---

1) 『地藏菩薩本願經』 卷下 利益存亡品, T13n0412_002_p0784b08~11.
2) T. '감응'은 기도 등을 통해 불보살에게 무엇을 간절히 청했을 때 기적적 영험이 나타나는 것을 가리킨다. 이는 그 기도가 불보살의 원력의 힘과 부합하여 거기에 연결됨으로써 그분들의 에너지를 받을 때 나타나는 효과라고 할 수 있다.

응을 일으키는 것이다.3)

그래서 바른 믿음의 불교에서 영가천도의 주체는 스님들이 아니라 망자의 가족들이다. 어떤 사람이 죽음을 앞두고 있을 때 그의 가족들이 자신들이 아끼는 물건(예컨대 돈)으로 삼보三寶에 공양을 올리거나 가난한 사람들에게 보시를 하고, 그 보시가 그를 대신해서 한 것임을 알게 하면, 그 사람이 죽은 뒤에 큰 도움을 받게 될 것이다. 그것은 그 선한 생각에 감응이 있을 뿐 아니라, 그가 임종할 때 편안한 마음을 갖게 되기 때문이다. 그래서 그의 업식業識도 좋은 곳에서 환생하게 될 것이다. 이것은 '사물은 같은 종류끼리 모이는[物以類聚]'는 원리이며, 미신이라고 할 수 없다.

망자가 죽은 뒤 그의 자식들이나 가족이 간절하고 경건한 마음으로 스님들에게 재齋 공양이나 기타 보시를 하는 등으로 큰 선업을 짓는다면, 그런 정성스러운 효심에 감응하여 망자가 더 좋은 곳에 날 수 있다. 그러나 그 효과는 망자가 죽기 전에 한 선행의 과보만큼 크지는 않을 것이다. 그 효심이 매우 지극하고, 마치 지장보살地藏菩薩이 지옥의 어머니를 구하기 위해 큰 자비서원[大悲願]을 발하여 세세생생 중생들을 고해苦海에서 건지겠다고 한 것과 같은 그런 위대한 원력에 의지

---

3) 『불조통기佛祖統紀』, 卷第十五 '有朋法師'傳에 이런 이야기가 있다: 호인湖人 설설薛 씨는 며느리가 일찍 죽었는데, 영가가 천도되지 않았다. 그들은 천 명의 스님들에게 재齋 공양을 베풀고 스님들에게 『금강경』 독송을 부탁했고, 유붕有朋 스님에게 (영가를 위해) 경經의 핵심을 설해 달라고 청했다. 그러자 영가가 다른 사람의 몸을 통해서 이렇게 말했다. "고맙습니다, 아버님, 어머님. 경經 한 권에 제가 벗어났습니다."(T: 여기서 '경 한 권'이란 한 사람이 한 번 읽은 경이라는 뜻이다.) 시아버지가 물었다. "스님 천 분이 함께 독경했는데, 어찌 한 권이라고 하느냐?" 영가가 대답했다. "유붕 스님께서 독경하신 것을 말합니다. 스님께서 독경하실 때는 세간의 언어를 뛰어넘었고, 그 뜻도 수승했습니다." T49n2035_015_p0228a04~a14.

해서만, 망자에게 감응력이 미쳐 그의 죄업을 감소시키거나 그것을 소멸할 수 있을 것이다. 이것은 비합리적인 미신이 아니다. 천도자의 큰 효심과 큰 원력으로 인해 그들의 심력心力과 원력이 망자의 업력 속으로 들어가 감응력을 미치고, 나아가 그것들이 한 기운[一氣]으로 연결되어 망자를 천도할 수 있게 되는 것이다.

그래서 바른 믿음의 불교에서는, 만일 죽은 사람의 가족들이 망자를 천도하고 싶다면 삼보에 공양하고 가난한 사람들에게 보시를 해야 하지만, 꼭 스님들에게 송경을 해달라고 할 일은 아니다. 스님들이 보시와 공양을 받는 것은 공양자들에게 축원을 해주기 위해서일 뿐이다. 스님들에게 송경誦經은 일과日課 업무이기에 그것은 하나의 수행이고, 또한 수행 방법을 분명하게 이해하기 위한 것이지, 망자들을 천도하는 것이 목적은 아니다. 시주施主가 스님들에게 올리는 공양의 공덕은 스님들이 수행 생활을 성취하게 하는 데서 오는 것이며, 수고한 만큼 대가를 지불하는 송경에서 오는 것이 아니다. 불경에서는 송경으로 망자들을 천도할 수 있다고 하지만, 그것은 사람들이 각자 경經을 읽도록 하기 위한 것이다. 자기가 경을 읽을 줄 모르거나, 경을 별로 많이 읽을 수 없다고 생각할 때, 비로소 출가인들에게 송경을 청해야 한다. 사실 스님들은 불법이 세간에 머무르게 하고, 세인들을 교화하기 위해서 존재하지, 망자들을 천도하기 위해서 존재하는 것이 아니다. 송경의 공덕은 불법을 신앙하고 불법을 닦는 데서 온다. 따라서 송경은 스님들에게만 국한되지 않으며, 어떤 사람이 죽은 뒤에만 하는 것도 아니다.

게다가 망자에 대한 천도는 49일 내에 하는 것이 가장 좋다. 왜냐하면 불교에서는, 특별히 큰 선업을 지어서 죽은 뒤 바로 욕계 6천에 나는 사람과, 선정의 업[定業]을 깊이 닦아서 죽은 뒤 바로 선정천禪定天에 나는 사람, 그리고 죄업이 특별히 중하여 죽은 뒤 바로 지옥에 떨어지는 사람들을 제외하면, 보통의 사람들은 죽은 뒤 49일간의 완충기간이 있어서 업연業緣이 성숙되기를 기다렸다가 윤회할 곳으로 가게 된다고 믿기 때문이다. 그 기간 동안 가족들이 삼보三寶에 공양하고, 스님들에게 재齋 공양을 올리고, (가난한 이들에게) 보시하는 공덕을 지어 그것을 망자에게 회향廻向하면, 망자가 그 선업 공덕의 감응을 통해 도움을 얻어 인간이나 천상과 같은 선도善道에 나는 인연이 성숙될 것이다. 49일이 지나고 나면 망자가 자신의 업력에 따라 환생할 곳에서 이미 몸을 받으므로, 그때는 영가천도의 공덕이 그의 복력을 더해주거나 고난을 경감해 줄 수 있을 뿐, 그가 몸을 받는 곳을 바꾸지는 못할 것이다.

그러나 예외도 있다. 만일 어떤 사람이 억울하게 죽거나 처참하게 죽어서 그 원결怨結이 해소되지 않았다면, 설사 그가 이미 귀도鬼道에 화생化生했다 하더라도 여전히 인간 세상에서 문제를 일으킬 것이다. 이것이 흔히 소문으로 듣는 '원귀[鬧鬼]'[4]이다. 그럴 경우, 송경하여 그 귀신을 천도하고(그에게 설법하여 그가 가야 할 곳을 알게 하고), 불력佛力으로 인도하여 선도善道에 왕생하게 해야 한다. 불교에서는 귀도

---

4) T. '鬧鬼(뇨귀)'는 '시끄러운 귀신', 곧 수런수런 이야기를 하거나 물건을 옮기는 소리 따위를 내는 귀신을 말한다. 범죄나 사고로 사람이 죽었거나 슬픈 사연이 있는 곳에서 나타날 수 있는 귀신이다.

鬼道의 중생들을 통상 '아생餓生'이나 '아귀餓鬼'(배고픈 중생이나 귀신)라고 부른다. 그래서 흔히 밀교적 주력呪力(진언)의 힘[加持]으로 음식을 변화시켜[變食]5) 베푸는 '염구焰口'나 '몽산蒙山' 시식施食이 귀신들을 평안하게 하는 데 특별한 효험이 있다.6) 다른 종교들, 특히 유신론적 종교에는 이런 효능을 가진 법식이 없고, 실로 아무 방법이 없다.

물론 이상은 불교 자체의 입장에서 말한 것이다. 사실 이제까지 스님들에게 이런 의식들을 거행해 달라고 한 중국인들이 반드시 불교도만은 아니고, 심지어는 확고한 유자儒者들도 있었다. 현대의 저명한 신유학자新儒學者 당군의(당췬이)唐君毅 선생(1909-1978)은 타계한 모친의 위패를 홍콩의 한 절에 모시고 천도재를 부탁했다. 그는 자신의 철학이 돌아가신 어머니를 돕는 데 아무 쓸모가 없다는 것을 스스로 탄식했다. 그래서 세상을 떠난 가족에 대해 "살아 계실 때처럼 제사 지내라(祀如在)"는 유가의 관념에 따라, "장례를 정성껏 치르고 조상들을 추모하는(愼終追遠)" 위안을 얻고자 한 것이다.7) 이 같은 사례는 무수히 많다고 하겠는데, 그들이 온전히 불교적 관념에 따라서 그렇게 하도록

---

5) T. '변식變食'은 주력의 힘으로 사람의 음식을 귀신도 먹을 수 있게 만드는 것이다. '가지加持'는 불보살의 영적인 보호나 도움의 힘을 뜻하며, 진언에는 그런 힘이 실려 있다.
6) T. '염구시식'은 흔히 '방염구放焰口'로 불리며, 밀교승 불공금강不空金剛(Amoghavajra, 705-774)이 중국에 도입한 것이다. 아귀들 중 전생에 인색했던 자들은 물과 음식을 만나기도 어렵고 만나도 입에 넣기가 어려워 입에서 늘 뜨거운 바람이 나오므로 그들의 입을 '불처럼 뜨거운 입(焰口)'이라고 한다. 그들에게 불법의 힘으로 음식을 베풀고 법을 설하여 그 고통을 면하게 하는(放) 것이 '염구시식'의 목적이다('시식施食'은 영가를 천도하면서 음식을 베푸는 불교의식 일반을 칭하는 말이다). 고혼孤魂들을 천도하기 위한 '몽산시식蒙山施食'은 송나라 때 사천성 蒙山에 주석하던 감로甘露 대사가 기존의 시식施食들, 특히 '방염구'의 구절들을 취합해 만든 것이다. 우리나라 절에서 하는 49재는 '관음시식觀音施食'으로 불리며, '방염구'나 '몽산시식'과 내용 면에서 차이가 있다.
7) T. '祀如在'는 『논어』의 '팔일八佾'편(12항)에 나오는 '祭如在'를 달리 표현한 것이고, '愼終追遠'은 '학이學而'편(9항)에 나오는 구절이다.

하기는 아마 쉽지 않을 것이다. 그래서 이것은 중국불교가 반드시 해결하도록 노력해야 할 하나의 큰 과제이다.

21. 불교는 남들을 위해 공덕을 회향廻向할 수 있다고 믿는가?

불교는 자신이 닦은 공덕을 남에게 회향할 수 있다고 확실히 믿는다. 이른바 '회향廻向'(parināmana)은 무엇을 자기 쪽에서 다른 사람 쪽으로 돌려주는 것이다. 이것은 앞 장에서 대략 이야기한 심력心力의 감응을 통해 작용한다. 이는 우리의 심력心力이 제불보살諸佛菩薩의 원력을 통해서 그 회향의 대상자에게 전달되는 것이다. 이 과정은 공중의 햇빛이 (거울이나 금속체 같은) 반사물의 반사를 통해 실내의 어두운 곳을 비출 수 있는 것과 같다. 실내의 어두운 곳은 햇빛을 직접 받지 못하지만 '회향된'(방향이 전환된), 곧 반사된 햇빛은 받을 수 있다.

그런 한편, 우리가 공덕을 회향한다 하더라도 우리 자신의 공덕은 여전히 털끝만큼도 줄어들지 않는다. 불경에는 이에 대한 비유가 하나 있다. 즉, 등불 하나가 많은 등불에 불을 붙여주어도 원래의 등불 빛은 조금도 약해지지 않는다는 것이다.

그래서 바른 믿음의 불교도들은 어떤 공덕을 지었을 때마다 그것을 일체중생에게 회향하는 발원을 하게 될 것이다. 이것은 자비심의 자연스러운 발로이기도 하다.

22. 불교는 윤회가 확실한 것이라고 믿는가?

이 물음에 대한 답변은 '그렇다'이다. 불교에서는, 생사에서 해탈했거나(예컨대 소승1)의 아라한阿羅漢)이나 생사에 자재한(예컨대 대승의 성위보살聖位菩薩) 성자들을 제외한 모든 중생은 윤회라는 제약을 받지 않을 수 없다고 믿는다.

소위 윤회는 위로 떠올랐다 밑으로 가라앉았다 하면서 생사에 유전流轉하는 것이지만, 진짜로 어떤 바퀴를 도는 것과 같이 빙빙 도는 것은 아니다. 중생들이 윤회하는 세계에는 모두 여섯 가지 큰 범주가 있다. 불교에서는 이를 '육도六道'라고 부르는데, 높은 것부터 낮은 것까지 순서대로 천도天道 · 인도人道 · 수라도(신도)修羅道(神道) · 방생(축생)도傍生道 · 귀도鬼道 · 지옥도地獄道이다. 이는 모두 오계五戒 · 십선十善과 십악十惡 · 오역五逆2)에 따라서 있는 범주들이다. 오계와 십선에는 상품 · 중품 · 하품의 세 등급이 있어서, 그 지은 업에 따라 각기 천天 · 인人 · 아수라의 삼도三道에 태어나게 된다. 십악과 오역도 마찬가지로 세 등

---

1) T. 근년에는 '소승' · '소승불교'라는 폄하적 용어를 피하기 위해 '니까야' · '니까야 불교'로 표현하는 것이 추세라고 한다('초기불교'는 정확한 명칭이 아니다). '니까야 불교'는 과거 부파불교 시대에 『니까야』 혹은 『아함경』으로 집성된 초기 경전들에 중점을 둔 불교 형태를 가리킨다. 니까야 불교는 엄밀히 말해 현대의 상좌부(Theravāda) 불교와 같은 개념은 아니지만, 상좌부 불교가 니까야 불교의 유일하게 현존하는 부파인 것은 사실이다.
2) 십선十善의 반대가 십악十惡이고, 아버지를 죽이는 것, 어머니를 죽이는 것, 아라한을 죽이는 것, 승단의 화합을 깨는 것, 부처님 몸에서 피가 나게 하는 것을 오역五逆이라 한다.

급이 있어서, 지은 업에 따라 각기 방생·귀鬼·지옥의 삼도에 태어난
다. 선업을 지으면 위 삼도[上三道]에 태어나고, 악업을 지으면 아래
삼도[下三道]에 태어난다. 어느 한 부류의 세계에서 복의 과보를 다 누
리거나 죄의 과보를 다 받고 나면 한 번의 생사가 끝이 나고, 다시
다른 생사가 시작된다. 이와 같이 육도六道 안에서 태어났다가 죽고,
죽었다가 태어나는 것을 생사윤회라고 하는 것이다.

그러나 불교에서는 비록 중생들의 생사 범위가 육도 안에 있기는
하나, 중생들이 선업이나 악업을 짓는 것은 주로 인도人道에서 이루어
진다고 믿는다. 그래서 인도人道만이 사람들이 새로운 업을 짓기도 하
고 이전 업의 과보를 받기도 하는 쌍중도雙重道이고, 그 나머지 세계들
은 중생들이 과보를 받기만 하는 단중도單重道라는 것이다.3) 천도天道
와 신도神道(수라도)에서는 복의 과보를 누리기만 할 뿐 새로운 업을 지
을 겨를이 없다. 아래 삼도[下三道]의 중생들은 괴로운 과보를 받기만
할 뿐 선악을 분별할 능력이 없다. 그래서 인도人道에서만 우리가 괴
로움과 즐거움 둘 다를 경험할 수 있고, 무엇이 선이고 무엇이 악인
지를 분별할 수 있다. 불교에서는, 업력이 훈습薰習을 만드는 것은 심
식心識이 그 훈습을 받아들이기 때문이라고 주장한다.4) 만약 선악을
분별할 겨를이 없거나 그럴 능력이 없으면, 업을 짓는다 해도 그것이
업력의 주된 원인이 될 수 없다. 그래서 불교에서는 인간들의 도덕적

---

3) T. 여기서 '雙重道'는 '쌍중인과雙重因果', 곧 새로운 업을 지어 내생의 과보의 원인을 만
드는 것과, 전생의 업에 따라 금생에 과보를 받는 것의 두 가지 인과가 동시에 전개되는
세계라는 뜻이다. '單重道'는 그 중 후자의 과정만 작용하는 세계이다.
4) T. '훈습'은 어떤 것의 영향을 받아 물드는(染) 것이다. 선한 행위나 악한 행위는 그 나름
대로 心識을 훈습하고, 그 선악의 習氣는 '업의 종자'가 되어 나중에 과보를 가져온다.

행위 책임을 특히 중시한다.

업력을 낳는 주된 원인이 인간들에게 있기 때문에, 위로 올라가거나 밑으로 떨어진 모든 중생들에게는 다시 밑으로 떨어지거나 위로 올라갈 기회가 있다. 한 번 위로 올라가면 영원히 계속 위로 올라가거나, 한 번 떨어지면 영원히 계속 떨어지는 것이 아니다.

인간인 중생들이 짓는 업인業因에는 선한 것도 있고 악한 것도 있고, 가벼운 것도 있고 무거운 것도 있다. 사람이 평생에 짓는 갖가지 업은 선할 수도 있고 악할 수도 있고, 적을 수도 있고 많을 수도 있으며, 가벼울 수도 있고 무거울 수도 있다. 따라서 과보를 받을 때에도 선후의 차별이 있다. 그래서 사람의 한 생이 끝난 뒤에 그가 윤회할 곳으로 향할 때는, 세 가지 힘의 이끌림이 있을 수 있다.

첫 번째는 '무거움을 따르는 것[隨重]'이다. 한 생에 지은 선업이 악업보다 더 무거우면 먼저 좋은 세계[善道]에 나게 될 것이고, 좋은 세계 중에서도 천도天道에 날 업이 인도人道에 날 업보다 무거우면 먼저 천도에 나게 될 것이다. 만일 악업이 선업보다 무겁다면 먼저 악도惡道에 나게 될 것이고, 지옥업이 방생업보다 무겁다면 먼저 지옥地獄에 나게 될 것이다. 무거운 업의 과보를 다 받고 나면 순서대로 다시 가벼운 업의 과보를 받게 된다.

두 번째는 '습을 따르는 것[隨習]'이다. 사람이 한 생에서 큰 선행도 하지 않고 큰 악행도 하지 않았지만 평생 특별히 강렬한 어떤 습習을 가지고 있었다면, 목숨이 다한 뒤에 그 습기習氣의 힘에 따라 다른 곳으로 가서 나게 된다. 그래서 선善을 닦고 불법을 배우는 일은 주로 일상적인 노력에 달려 있다.

　세 번째는 '생각을 따르는 것[隨念]'이다. 이것은 목숨이 다할 때의 마음 상태가 결정한다는 것이다. 임종할 때 예컨대 공포·초조·갈망·번뇌 등 부정적인 마음 상태에 있으면, 악도로 떨어지지 않기가 어렵다. 그래서 불교에서는 어떤 사람이 죽음이 임박했거나 막 죽었을 때, 가족친지들이 울고불고해서는 안 된다고 믿는다. 그 대신 그 사람을 대신하여 보시를 하고 복을 지으며, 아울러 그에게 한평생 그가 지은 선업과 공덕을 상기시켜 주어 그가 편안한 마음을 갖게 하고, (현상들의 공함을) 꿰뚫어보고 내려놓을 수 있게 해야 한다. 또한 모든 사람이 부처님의 명호를 염念하여 그가 일념으로 부처님의 공덕과 부처님의 정토를 향하게 해야 한다. 만일 그가 중대한 악업을 짓지 않았고, 죽을 때 이 같은 마음 상태를 유지한다면 악도에 떨어지지 않을 것이다. 더 나아가 그의 심력心力이 제불보살의 원력에 감응感應한다면 불국토에 왕생할 수도 있다. 그래서 불교에서는 임종하는 사람을 돕기 위해 주위 사람들이 부처님 명호를 염하라고 하는 것이다.

　민간 신앙에서는 사람이 죽으면 바로 귀신이 된다고 생각하는데, 이것은 불교의 윤회관에서는 성립될 수 없는 것이다. 귀도鬼道는 중생이 윤회하는 여섯 세계[六道] 중 한 세계일 뿐이므로, 사람이 죽어서 귀도에 나는 것은 여섯 가지 가능성 중 하나일 뿐이다.

23. 불교는 영혼의 실재를 믿는가?

아니다. 불교는 영구불변하는 영혼이 있다고 믿지 않는다. 만일 영혼의 실재를 믿는다면 그 사람은 바른 믿음의 불교도가 아니라 자아의 존재를 주장하는 '신아외도神我外道'[1])이다.

물론 유물론자들을 제외한 대다수 사람들은 모든 사람이 하나의 영구불변하는 영혼을 가지고 있다고 생각한다. 근년에 구미에서 인기 있는 신지학회神智學會(Theosophical Society)도 영혼을 연구하고 있다. 기독교·이슬람교·힌두교·도교 등 각 종교도 정도의 차이는 있지만 그런 영혼 신앙에 속한다. 그래서 사람이 선행이나 악행을 하고 나서 죽으면 그 영혼이 하느님이나 염왕閻王(염라대왕)의 심판을 받으며, 좋은 영혼은 천당으로 올라가고 나쁜 영혼은 지옥으로 간다고 믿는다.

중국의 민간에서는 영혼에 대한 믿음의 뿌리가 한층 더 깊어서, 사람이 죽으면 그 영혼이 귀신이 된다는 크게 잘못된 믿음이 있다. 영혼과 귀신은 중국 민간신앙에서 이처럼 뗄래야 뗄 수 없이 얽혀 있는 큰 문제이다. 더 우스운 것은 어떤 귀신들에게 약간의 작은 신통력이 있다고 해서, 사람들은 영혼이 '삼혼칠백三魂七魄'이 한데 모인 집합체

---

1) T. 상주불변하는 자아, 곧 '神我'가 존재한다고 주장하는 외도. 다수의 경론에서 언급된다. 예컨대 대승의 여래장如來藏과 외도의 神我를 구분하는 『입능가경入楞伽經』 卷第三 (T16n0671_003_p0529b27~b28, c11~c16) 등이 있다.

라고 여긴다는 것이다.2)

　사실 귀신들은 육도중생의 하나인데, 그것은 우리 인간들이 그러한 것과 마찬가지이다. 사람으로 태어나도 생사가 있고, 귀신으로 태어나도 생사가 있다(사람은 태생胎生이지만 귀신은 화생化生이다.) 그러니 어찌 사람이 죽은 뒤에 반드시 귀신이 되겠는가? 이것은 다음 장에서 따로 설명한다.

　영혼에 대해서는 중국의 민간에 많은 전설이 있는데, 흔히 그것을 사람의 생生과 사死 중간으로 본다. 영혼을 가교로 삼아 '생生'은 영혼이 태胎에 들어가는 것이고, '사死'는 영혼이 육체를 이탈하는 것이다. 즉, 영혼과 육체의 관계를 집과 집주인의 관계와 같이 보는 것이다. 집이 낡아지면 주인은 새 집으로 이사한다. 집들은 늘 헌 집에서 새 집으로 바뀌지만, 그 집에 사는 사람은 동일하다. 달리 말해서 사람은 영혼이 육체라는 물건을 걸친 것이고, 육체는 바뀌고 또 바뀔 수 있지만 영혼은 한 번 생기면 불변이라는 것이다. 그래서 영혼을 우리의 생사 흐름 속의 주체라고 생각하는 것이다.

　사실 바른 믿음의 불교는 영혼에 대한 이런 식의 관념을 결코 받아들이지 않는다. 왜냐하면 그것은 연생연멸緣生緣滅의 원리상 성립할 수 없기 때문이다. '생멸무상生滅無常'의 관점에서 보면 일체의 사물은 모두 생멸이 무상하며, 물질계도 그러하고 정신계도 그러하다. 육안으로 사물을 보면 흔히 '한 번 생겨난 것은 변치 않는다(成而不變)'는 착각을

---

2) T. '삼혼칠백' 관념은 주로 도교에서 주장한 것으로, 양陽의 혼魂으로써 음陰의 백魄을 제어하는 수련을 통해 모종의 신통력을 얻는다고 보았다.

일으키지만, 정밀한 도구로써 보면 어떤 사물도 순간순간 변하고 있지 않은 것이 없다. 『역경易經』에서 말하는 '생생生生'(부단한 생성)3)이란 것은 사실 그 이면에 '사사死死', 곧 모든 것이 부단히 변하고 또 변한다는 것을 포함하고 있다.

물질계의 물리현상들도 쉼 없이 생겨나고 있지만, 정신계의 심리현상들의 변화는 알아차리기가 더 쉽다. 심리현상의 발생은 정신(의식)의 변동에서 오기 때문이다. 심리현상의 변화는 우리의 선하거나 악한 행위들을 촉발하고, 선악의 행위들은 되돌아와 우리의 심리현상의 경향에 영향을 준다. 우리의 미래는 이와 같이 심리가 행위를 촉발하고, 행위가 심리에 영향을 주는 순환작용에 의해서 결정된다.

그렇다면 물어 보자. 영혼의 불변성, 영혼의 영구성이라는 것은 가능한 것인가? 당연히 그것은 불가능하다. 우리가 죽은 뒤에 고정적인 영혼이 없는 것은 말할 필요도 없고, 우리가 살아 있을 때라 해도 우리의 몸과 마음은 모두 단 한 순간도 쉬지 않고 부단히 변하고 또 변하는 상태 속에 있다. 그런데 불교가 영혼을 믿지 않는다면, 불교에서 말하는 육도윤회와 초범입성超凡入聖(범부가 성인 되기)의 본체(주체)는 궁극적으로 무엇인가?

여기서 불교의 특히 우수한 점이 드러난다. 불교는 자아의 영구적 가치를 중시하지 않지만, 그러면서도 자기향상과 자기변혁의 가치를 더욱 더 긍정하기 때문이다.

불교에서는 '인연생법因緣生法'(인연이 모여 현상들이 생김)과 '자성본공自性本

---

3) T. 『易經』, 계사전繫辭傳에서 "낳고 또 낳는 것을 '변화'라고 한다(生生之謂易)"고 했다.

空'(사물들은 자성이 공함)을 주장한다. 그래서 물질계도 인연에 의지하여 생겨나고, 정신계도 인연에 의지하여 생겨난다고 본다. 인연이 한데 모이면 생겨나고, 인연이 흩어지면 소멸한다. 크게는 하나의 별, 하나의 천체, 나아가 전체 우주에서부터 작게는 하나의 풀잎·먼지·원자에 이르기까지 어느 하나도 내적인 인因과 외적인 연緣이 한데 모이지 않고 존재하는 것이 없다. 인因과 연緣이라는 요소 없이는 한 물건도 존재할 수가 없다. 그래서 근본적으로 보자면, 일체가 공하여 한 물건도 없는 것이다. 물리와 화학을 연구하는 과학자들은 올바르고 직접적인 답변을 우리에게 내놓을 수 있을 것이다.

그러면 정신계는 어떤가? 불교에서 영혼의 관념을 인정하지 않는다고 해서 불교도들이 결코 유물론자인 것은 아니다. 불교에서는 정신계를 '식識'이라는 한 글자로 이름 붙인다. 소승불교에서는 6가지 식識만 이야기하며, 거기서는 제6식이 생명 과정을 일관하는 주체 역할을 한다. 대승불교에서는 두 식을 더 늘려서 모두 8가지 식이 있고, 여기서는 제8식이 생명 과정을 일관하는 주체이다. 우리는 소승의 것은 옆으로 젖혀두고 대승의 제8식만 소개하자.

대승불교의 8가지 식識 중에서 전前 6식은 소승의 그것과 명칭과 동일하다. 다만 대승불교에서는 제6식의 기능들을 더 자세히 분석하여 제7식과 제8식을 분리해 낸 것이다.

실은 8가지 식識의 주체는 하나일 뿐이다. 다만 기능에 따라 구분하여 8가지 이름을 붙인 것이다. 전前 7식의 선하거나 악한 모든 활동은 제8식 안에 저장되고 기록되기 때문에, 제8식은 모든 업종業種(업의 종자)의 창고 역할을 한다. 이 창고의 감독관이 제7식이고, 그 종자들을 반입·반출하는 것이 제6식이며, (반출된 종자로써) 행위를 하는 것이 전前 5식이다.

이렇게 말하면 제8식의 기능은 저장하는 것이지만, 이것은 저장만 하고 반출을 하지 않는 수전노가 아니다. 밖에서 안으로 부단히 반입하고, 안에서 밖으로 부단히 반출한다. 저장해 들이는 것은 행위가 마음에 영향을 주어 마음밭[心田]에 새겨지는 것이며, 이것을 업인業因 혹은 종자라고 한다. 반출되는 것은 심리적 충동으로서 이것이 행위와 그 행위의 결과로 발전하는데, 이것을 업과業果 혹은 현행現行이라고 한다.4) 이와 같이 그것이 들어갔다 나오고, 나왔다 들어가면서, 종자가 현행이 되고 현행이 또 종자를 남긴다. 한 생에서도 그러하고 다음 생, 그 다음 생, 무한한 미래생에도 역시 그러하다. 금생의 인과의 흐름에서부터 과거와 미래의 무수한 생의 인과에 이르기까지, 모두 종자가 현행이 되고, 현행이 종자를 낳는 이 법칙을 벗어나지 않으며, 이러한 인과의 흐름이 한 생의 통일성과 생사의 연속성을 구성한다.

종자와 현행이 늘 한 순간도 쉬지 않고 들고나기 때문에, 제8식 자체가 늘 한 순간도 쉬지 않고 계속 변동한다. 이 한 생의 제8식의 질과 양은 전생과 후생의 그것과 다른 것은 말할 것도 없고, 앞의 한 생각과 뒤의 한 생각 사이에서도 달라진다. 생각이 순간순간 생멸하고 생각마다 서로 다르기 때문에, 우리는 생사의 바다에서 떴다 가라앉았

---

4) T. 업인業因/종자와 업과業果/현행이라는 개념과 그것들의 작용 방식에 대한 설명은 유식학파의 것이다. 예컨대 『성유식론成唯識論』에서 이에 대해 자세히 논의하고 있다.

다 할 수도 있고 생사를 초월할 수도 있는 것이다. 그래서 제8식은 이 한 순간에 변동하는 업인業因과 업과業果의 연속성 속에 존재한다. 업인業因과 업과業果의 변해가는 연속성 외에는 어떤 제8식도 따로 없다. 비유하자면 이것은 물의 흐름과 같다. 물의 흐름이란 물이 연속적으로 움직이며 흘러가는 것일 뿐, 그 흘러가는 물 외에는 어떤 흐름도 따로 없다. 해탈을 향한 불교 수행의 목적은 인과의 이 연속으로 인한 생사의 흐름을 끊는 것이다. 제8식의 작용이 완전히 사라질 때, 즉 저장되는 것도 없고 반출되는 것도 없을 때, 그것이 공성의 깨침이다. 그것을 불교에서는 '전식성지轉識成智', 곧 (오염된) 식識을 돌이켜 (청정한) 지혜를 이루는 것이라고 한다. 그러면 생사에 지배당하지 않고, 생사 속에서도 자유롭게 된다.

이로써 우리는 불교의 제8식이 어떤 영구적인 영혼과도 결코 같지 않음을 알 수 있다. 만일 어떤 영구적 영혼이 존재한다고 잘못 믿으면, 초범입성超凡入聖의 생사해탈도 불가능할 것이다. 불교는 영혼이 있다는 관념을 부인하며, 궁극적으로 제8식도 부정하는 것이 목표이다. 번뇌와 무명이 결합되어 가현적假現的으로 나타난 제8식이 부정된 뒤에야 철저한 해탈이 있게 된다. 그러나 제8식이 부정된 뒤에 아무것도 없다는 것이 아니다. 그것은 '공空도 아니고 유有도 아닌' 지혜의 본체[智體]가 밝게 비추는 상태이지, 무명과 번뇌가 뒤엉킨 흐릿함[纏繞不淸]이 아니다.

24. 불교도들은 신神과 귀신들을 숭배하는가?

　분명한 것은, 바른 믿음의 불교도는 불·법·승 삼보만 숭배하며, 신神이나 귀신[鬼]들을 절대로 숭배하지 않는다는 것이다.1) 그러나 바른 믿음의 불교는 신神과 귀신들의 존재를 결코 부인하지 않는다. 왜냐하면 신神과 귀신들도 육도윤회六道輪迴의 두 가지 큰 갈래이기 때문이다. 그래서 불교에서 말하는 신神은 유신론적 종교들에서 말하는 하느님이 아니고, 불교에서 말하는 귀신도 유신론적 종교에서 말하는 마귀가 아니다. 불교에서 말하는 신神들은 범계凡界(깨닫지 못한 자들의 세계)의 중생들이며, 불교에서 말하는 마魔는 욕계 제6천에 있다. 불교의 마魔에는 천마天魔, 오온마五蘊魔, 번뇌마煩惱魔, 사마死魔의 네 종류가 있다. 천마를 제외한 다른 세 가지 마魔는 우리 각자의 생리와 심리의 소산이다.

　불교에서 신神은 통상 천신[天]과 귀신[鬼]의 중간이다. 큰 복을 지닌 귀신이 곧 신神이고, 천신의 시종들이 흔히 신神이다. 귀신에는 여러 종류가 있어서, 복이 많은 귀신[多財鬼], 복이 적은 귀신[少財鬼], 그리고 아귀餓鬼가 있다. 복이 아주 많은 귀신은 귀도鬼道에 있기는 해도

---

1) T. 여기서 스님이 말하는 神은 둘째 문단에서 열거되는 다양한 부류의 신들을 가리킨다. 스님은 다른 책 『학불지진學佛知津』에 있는 '신과 귀신의 종류(神鬼的種類)' 장에서 이 주제를 좀 더 자세히 다루고 있다.

천복天福을 누리기도 한다. 민간 일반에서 숭배하는 대다수 신들은 복이 많은 귀신들이다. 신神에는 천신天神·공신空神·지신地神이 있고, 천신天神·축신畜神·귀신으로 나눌 수도 있다. 민간 일반에서 숭배하는 동물신[牛鬼蛇神], 초목의 정령精靈, 산천山川 등의 신神은 모두 지신·축신·귀신이다. 불경에서 흔히 말하는 팔부신중八部神衆은 천신天神·용신龍神·야차신夜叉神(하늘을 나는 귀신)·건달바신乾闥婆神(천상의 음악신)·아수라신阿修羅神·가루라신迦樓羅神(금시조金翅鳥)·긴나라신緊那羅神(천상의 노래신)·마후라가신摩睺羅迦神(큰 뱀신[大蟒])이다. 이 팔부신중 중에는 선한 자도 있고 악한 자도 있다. 선한 자는 보통 불교의 감화를 받아 불교의 호법신이 된다. 따라서 바른 믿음의 불교도는 신과 귀신들을 숭배하지 않으며, 그들에 대해 어느 정도의 예우를 할 뿐이다. 만일 바른 믿음의 불교도가 신과 귀신들을 숭배하면, 원칙적으로 그것은 죄를 짓는 것이다. 또한 선신들은 삼보에 귀의한 사람들을 자발적으로 보호하며, 그래서 삼보三寶 제자들의 숭배를 받는 것을 불편하게 느낀다. 선신들이 그들을 보호하기 때문에, 악신들도 이미 삼보에 귀의한 불교 신도들을 감히 희롱하거나 침범하지 않는다.

25. 불교도들은 기도의 영험을 믿는가?

그렇다. 불교는 기도의 영험을 깊이 믿는다. 사실 영험의 정도와 영험의 비례比例로 본다면, 불교는 다른 유신론적 종교들의 기도보다 그 효능이 더 뚜렷하고, 더 힘 있고, 더 의지할 만하다.

기도의 원리는, 기도자의 심력心力—곧 강렬한 믿음에서 일어나는 일종의 초자연적이고 통일된 정신적 집중력[定力]이 (제불보살諸佛菩薩 같은) 기도의 대상인 존재들의 대비원력大悲願力에 감응하면, 자신의 그 집중력과 불보살의 원력이 서로 반응하고 작용하여 일종의 불가사의한 신력神力을 불러일으킨다는 것이다. 그것이 바로 기도를 해서 얻게 되는 경험 또는 영험이다. 대승불교의 중국사회에서는 관음보살觀音菩薩에게 기도하는 영험이 가장 두드러진다. 그리고 삼보三寶의 경건한 제자들은 본래 선신善神들이 보호해 주고 있어서, 만약 신심이 견고하기만 하다면 돌발적 변고를 만났을 때 그 순간 기도를 하지 않아도 액운이 비껴갈 것이다. 기도의 영험은 견고한 신심 속에서 일어나기 때문에, 무릇 신심이 견고한 사람은 부단히 기도의 보호를 받고 있다고 할 수 있다.

그러나 불교가 기도의 영험을 깊이 믿기는 하지만, 기도가 모든 문제를 해결해 준다고 말하지는 않는다. 예를 들어 어떤 불교도가 병이

났을 때, 기도는 아주 중요하다. 만일 그 환자가 확신이 있고, 경건하고 정성스러운 기도를 할 수 있다면 감응을 받아 치유될 수도 있다. 그래서 불경에서 설법이나 설법 듣는 것을 통해 병이 치유된 경우들을 이야기하고 있는 것이다.[1] 만약 환자가 확신이 없고 기도의 영험을 경험해 본 적이 없다면, 병원을 찾아가서 치료를 받아야 할 것이다. 그래서 석가세존 당시에도 비구들이 병이 들면 통상 의약으로 치료했던 것이다.

따라서 불법은 1차적으로 중생의 생사라는 마음의 병을 치료하는 것이고,[2] 의약은 피와 살로 된 신체의 병을 치료하는 것이다. 병이 나서 아프면 기도는 당연히 해야 하는 것이지만, 의학적 치료도 받아야 한다. 이것이 바른 믿음의 불교도가 갖는 견해이다.

---

1) 『증일아함경』 卷第六, T02n0125_006_p0575c23; 『잡아함경』 卷第五, T02n0099_005_p0030c06 등.
2) "부처님은 의사의 왕과 같아서 모든 번뇌의 병을 치유해 줄 수 있고, 모든 생사의 고통에서 사람들을 구할 수 있다(佛如醫王 能治一切除煩惱病 能救一切生死大苦)." 『화엄경』 卷第七十五 入法界品第三十九之十五, T10n0279_075_p0411a20~a21.

26. 불교는 지전紙錢과 석박錫箔 태우는 것을 옹호하는가?

아니다. 불교에는 그런 미신적 규정이 없다.

중국인들이 지전紙錢을 태우는 습속은 한나라 때 시작되었다. 예컨대 『신당서·왕여전新唐書·王璵傳』에 이르기를 "한나라 때 이후로 돈을 죽은 사람과 함께 묻었고, 후세에 민간의 풍속에서 일부 종이를 돈처럼 만들어 장례를 지냈다"고 하였다.[1] 이것은 한나라 때부터, 사람이 죽은 뒤 장례를 지낼 때 지전을 죽은 사람과 함께 장례하는 풍습이 시작되었음을 말해준다. 중국에서는 옛날부터 사람이 죽으면 바로 귀신이 된다고 생각했다. 그래서 『설문해자說文解字』에서도 "사람은 귀신으로 돌아간다(人所歸爲鬼)"고 하여, 사람이 죽으면 귀신이 될 뿐 아니라, 귀신의 세계와 인간 세상이 음계陰界와 양계陽界로 다른 것일 뿐 매한가지라고 추측하였다. 그래서 귀신들도 생활이 필요하고, 돈도 필요하다고 보아 돈을 함께 묻었다. 후세의 어떤 사람들은 진짜 돈이 아깝다고 생각했고, 그래서 종이를 돈 모양으로 잘라서 그것을 불태워 귀신에게 준 것이다. 근대에 와서 지폐가 유통되자, '명국은행冥國銀行'

---

1) T. 『新唐書·王璵傳』에 따르면 王璵(당나라 때의 太常博士) 이후로 지전을 태우는 방식이 사용되기 시작했다. 大藏經補編 『禪林象器箋』 第29卷(B19n0103_p0849b16~b17)과 『佛祖統紀』 卷第三十三(T49n2035_033_p0322b25~b26) 참조.

의 '명폐冥幣'(명부冥府용 지폐)도 대량으로 발행되었다!

이런 저급한 미신은 원시 민족종교에서 그릇·돈·보배·의류·심지어 사람과 가축까지 순장殉葬하던 것과 거의 비슷한 것이다.

불로 태우는 것은 조로아스터교와도 관련이 있을 수 있는데, 그들은 '불의 신'이 그 태운 물건들을 귀신들에게 전달해 준다고 믿었다. 힌두교의 『리그베다』에 나오는 불의 신 아그니도 그런 기능을 가지고 있다.

중국의 민간에서는 지전과 석박錫箔(종이처럼 얇게 만든 주석)을 이용하여 지폐와 금은金銀 덩어리를 만들어 태울 뿐 아니라, 얇은 대나무 조각에 종이를 풀로 붙여 만드는 가구, 잡다한 물건들, 집, 심지어 현대적인 자동차·비행기·기선 등을 만들어 태우기도 하는데, 그러면 귀신이 그것들을 받아서 사용한다고 믿는다.

사실 불교에서는 사람이 죽은 뒤 바로 귀신이 된다고 믿지 않으며, 귀신이 될 가능성은 6분의 1에 불과하다. 불교에서는 불태운 지전이나 석박을 귀신들이 받아서 사용한다고는 더욱 믿지 않는다. 불교는 다만 죽은 사람의 가족친지들이 보시, 불공, 스님들에게 올리는 재공양齋供養 등의 공덕을 짓고 그것을 망자에게 회향하면 그들의 천도를 도울 수 있다는 것을 믿을 뿐이다. 그 밖의 모든 것은 아무 쓸데없는 미신이다. 불교에서는 물품들을 함께 묻는 것에 반대할 뿐만 아니라, 사람이 죽은 뒤에 비싼 관목棺木을 쓰면 안 되고, 죽은 사람에게 비싼 옷을 입혀서도 안 되며, 장례식에 과다한 인력과 자원을 동원해서도 안 된다고 주장한다. 평소에 입던 깨끗한 헌옷으로 갈아입히고, 좋은 옷과 새 옷은 전부 가난한 사람들에게 보시해야 한다. 만일 돈이 있다면 가난한 사람들에게 보시하고 삼보에 공양하는 공덕을 지어야 한다. 이런 것들만이 망자가 참으로 이익을 얻을 수 있는 방법이다. 그러지 않고 좋은 물건들을 묻거나 태우는 것은 더없이 어리석은 행위이며, 바른 믿음의 불교도가 할 일은 더더욱 아니다.

안타깝게도 오늘날 많은 스님들은 이 도리를 이해하지 못한다. 심지어 본토에서 대만으로 건너온 일부 불교도들은 '왕생전往生錢'이라는 지전을 만들어내기도 했는데, 이것은 작은 노란색 종이에 빨간색 범어 문자로 '왕생주往生呪'를 인쇄하여, 귀신용의 돈으로 만든 것이다. 사실 주문을 외는 것의 효과와 종이를 태우는 것의 효과는 전혀 별개이다. 불경에 근거해서 말하면, 인쇄된 경經은 태워서는 안 되는 것이고, 태우는 것은 죄가 된다.

현시대의 스님들도 남을 위해 송경·참회절[拜懺]을 하고, 천도재[放焰口]·수륙재水陸齋2)를 지낼 때, 모두 축원문을 써서 읽고 난 뒤 불에 태운다. 이것은 도교의 부록파符籙派3)가 자신들이 숭배하는 신들에게 축원을 빌고 부적으로 귀신을 쫓는 등 미신적 행위를 하는 것을 모방한 것으로, 어떤 불교적 근거도 없다. 불교는 경건한 마음이 감응을 가져온다고 주장한다. 그만 한 심력心力이 있다면, 태우거나 축원할 것도 없이 반드시 영험이 있을 것이다. 그런 심력이 없다면 수천 장의 종이를 태운들 무슨 소용이 있겠는가?

---

2) T. 뭍이나 물에서 죽은 모든 존재들을 천도하기 위한 의식.
3) T. 부적·주문 등으로 병을 치유하거나 귀신을 쫓아내는 것에 주력하는 도교의 정일파正一派와, 같은 계열 군소 종파들의 총칭.

27. 불교는 인과법칙이 확실한 것이라고 믿는가?

그렇다. 불교는 인과법칙이 확실한 것이라고 믿는다. 이는 마치 여러분이 밥을 먹고 나면 허기가 채워지는 것이 확실하다고 믿는 것과 같다.

대다수 사람들은 인과법칙이 믿을 만한 것인지 의심한다. 왜냐하면 현재의 한 생이라는 관점에서만 보면 선악의 인과응보가 불공평해 보이기 때문이다. 어떤 사람은 고생하면서 평생 선행을 하는데도 좋은 보상을 받지 못할 뿐 아니라, 심지어 좋은 죽음을 맞지도 못한다! 어떤 사람은 법을 어기며 뇌물을 받고 온갖 비리를 저지르지만, 법망을 빠져나가 자유롭게 활보하고 복과 장수를 누린다.

사실 불교의 인과율은 과거·현재·미래의 삼세三世에 걸쳐서 작용한다. 사람은 현재의 한 생 외에도 과거에 헤아릴 수 없는 생을 지나왔고, 미래에도 헤아릴 수 없는 생을 거치게 될 것이다. 과거에서 미래까지 삶의 연속선상에서 보면, 현재의 한 생은 부싯돌의 불꽃처럼 극히 짧은 시간이다. 선악의 인과는 삼세에 걸쳐 점진적으로 받는 것이며, 업력의 크기와 경중에 따라 과보를 받는 순서와 정도가 결정된다. 금생에 하는 선행이나 악행이 반드시 이번 생에 과보를 낳지 않을 수도 있고, 금생에 경험하는 화禍와 복, 괴로움과 즐거움은 꼭 이번 생의 행위로 인한 것이 아닐 수도 있다. 금생에 만나는 괴로움과 즐거움 대부분은 여러 전생의 업력에 따른 과보이며, 금생에 짓는 행위들의 과보도 대부분 내생에 받게 될 것이다. 인과법칙을 삼세에 걸쳐 바라본다면, 마음도 편안해질 것이다.

더욱이 불교에서 이야기하는 인과율은 사람들이 흔히 오해하는 숙명론이나 결정론이 아니다. 불교에서는, 중대한 업력이어서 바꿀 수가 없는 이른바 '정업定業' 외에는 후생後生의 노력으로 전생의 업을 바꿀 수 있다고 믿는다. 예를 들면, 가난뱅이로 살 업인業因을 전생에 지어 금생에 과연 가난한 사람으로 태어났다 해도, 그 사람이 금생에 열심히 일하면 가난한 생활환경을 바꿀 수 있다. 이는 과거의 인因에 현재의 인因을 더해서 종합한 것이 현재의 과果가 된다는 것이다. 그래서 불교의 인과율은 숙명론이나 숙명론이 아니라, 오히려 백 퍼센트 노력론努力論이다. 불교가 만약 숙명론이나 결정론의 늪으로 떨어진다면, 중생이 성불할 수 있다는 이론도 성립될 수 없다. 만일 우리의 모든 운명이 전생에 다 결정되어 있다면, 금생에 선善을 닦는 것이 어찌 헛수고가 되지 않겠는가?

불교의 인과법칙은 연생緣生의 법칙을 벗어난 것이 아니라는 것을 알 수 있다. 과거생의 업인業因이 금생의 업과業果를 가져오기까지, 그 사이에 많은 바깥 연[外緣]들이 더해져서 마침내 구체적인 업과로 나타난다. 이런 바깥 연에는 금생에 우리가 하는 노력이나 태만, 선행이나 악행이 포함된다. 비유하자면, 설탕물은 기본적으로 달지만 거기에 레몬이나 커피를 첨가하면 설탕물의 맛이 달라지는 것과 마찬가지다.

요컨대 불교의 인과율은 과거·현재·미래의 삼세를 관통하며, 과거·현재·미래를 연결하는 것이다. 금생에는 전생에 지은 업인業因이 계승되어 금생의 과보가 나타난다. 금생에 하는 행위는 내생의 업인이기도 하지만, 전생의 업인이 더해지면 금생에 업과業果가 나타날 수도 있다.

인과의 도리는 듣기에는 간단해도 이야기해 보면 결코 간단하지 않다. 불교는 이처럼 간단해 보여도 실제로는 간단치 않은 종교이다.

28. 불교도들은 모두 극락세계에 왕생하기를 원하는가?

무릇 바른 믿음의 불교도라면 천상天上에 나는 것을 최종 목적으로 염원하지는 않을 것이다. 이것은 분명하다. 왜냐하면 5정거천淨居天과 미륵보살의 도솔천兜率天 내원內院을 제외하면, 천상에 나는 것[生]은 여전히 생사에 윤회하는 범부의 세계이기 때문이다.

바른 믿음의 불교도는 모두 생사에서 해탈하기를 원하는데, 이것도 분명하다. 왜냐하면 생사윤회를 벗어나야만 영원한 안락安樂에 도달하기 때문이다.

극락세계(sukhāvatī)는 아미타 부처님의 서원에 의해 창조된 불국정토佛國淨土이다. 그러나 시방법계十方法界 안에는 온갖 방향에 여러 부처님들의 정토가 있고, 서방 극락세계는 헤아릴 수 없이 많은 불국정토 중 하나일 뿐이다. 그래서 불교도들 중에는 서방 극락세계나 다른 세계에 나기를 원치 않는 사람들도 있다. 예컨대 동진東晉 시대의 도안대사道安大師(312-385), 당대唐代의 현장대사玄奘大師(602-664)와 규기대사窺基大師(632-682), 근대의 태허대사太虛大師 등은 모두 우리의 이 세계(대천세계大千世界)의 도솔천 내원에 있는 미륵정토彌勒淨土에 나기를 원했다.

만일 한량없는 자비심과 확고한 신심이 있어, 다른 곳의 어떤 불토佛土에도 왕생하기를 원치 않는 불교도라면, 세세생생 인간 세상에 머무르면서 중생을 교화하고 싶어 할 것이다.

남전南傳 상좌부 불교 지역의 불교도들은 극락세계의 존재를 전혀 모르며, 그곳의 출가인들이 가장 바라는 것은 이번 생에 수행하여 아라한과를 깨닫고 생사에서 해탈하는 것이다. 만일 한 생에 이루지 못하면 내생에 계속 수행하여 깨닫기를 기대한다. 그들은 극락세계를 알지 못하고 믿지도 않는다. 만일 대승불교도가 그들에게 극락세계라는 것이 있다고 이야기해 주면 어떤 사람들은 그 존재를 믿을지 모르지만, 그들은 그것이 천상계 중의 하나라고 생각할 것이다.[1]

그러나 극락세계의 존재는 '진상유심계眞常唯心系'[2]의 대승불교에서는 뿌리 깊은 믿음이다. 아미타불의 자비원력으로 이루어진 극락정토의 연못들 속에 있는 연꽃들은 아홉 단계로 나뉜다. 오역五逆·십악十惡을 저지른 사람이라 할지라도, 임종할 때 지극한 마음으로 아미타불을 염하여 그 소리가 끊어지지 않고 10번을 채워 염한 사람은 극락세계 하품하생下品下生(아홉 단계 중 가장 낮은 단계)의 연꽃 속으로 왕생할 수 있다. 12대겁이 지나면 그 연꽃이 피어나며, 그 사람들은 관음보살과 세지

---

1) 「海潮音」 제45권(1964) 4월호, 21쪽을 보라.
　T. 스님이 이 잡지에 게재한 '莊嚴無上菩提之道－菩薩戒綱要講話'라는 글을 가리킨다. 1920년 상하이에서 창간된 「海潮音」은 1950년 이후로 대만에서 계속 간행되고 있다.
2) T. 인순법사印順法師는 인도불교 사상을 (1) (용수보살로 대표되는) 초기 대승의 '성공무명계性空無名系', (2) (무착보살로 대표되는) 중기 대승의 '허망유식계虛妄唯識系', (3) 후기 대승의 '진상유심계眞常唯心系'의 셋으로 나누었다. '진상유심계'는 진여·불성·여래장을 설하는 사상으로, 소의경전은 「화엄경」, 「앙굴라마경」, 「승만경」, 「대방등여래장경」, 「대반열반경」, 「능가경」, 「능엄경」 등이고, 논서로는 「보성론」, 「불성론」, 「대승법계무차별론」, 「대승기신론」 등이 이를 지지한다. 화엄종·천태종·선종·밀종이 이 계열이다.

보살勢至菩薩이 제법의 실상은 인연으로 생겨나고 그 성품이 공하다는 [緣生性空] 도리를 설법하는 것을 듣게 된다.3)

제법諸法의 실상을 통찰하여, 제법이 인연으로 생겨나고 그 바탕의 성품이 본래 공하다는 것을 실제로 증득하면, 일체의 선악 관념을 타파하고 일체의 선업과 악업도 일시에 떨쳐낼 수 있다. 이것을 업장소멸[業障消除]이라고 한다. 그러면 더 이상 업력에 끄달리지 않게 되고, 더 이상 생사의 늪에 빠지지 않게 된다. 다만 각자의 자비서원慈悲誓願에 따라 다시 인간 세상으로 돌아오면, 생사를 얼마든지 제어하면서 보살도를 행하게 된다. 이것을 일러 "평안의 상태를 벗어나지 않고 사바세계에 들어간다(不違安養入娑婆)"4)고 한다. 그래서 아미타불의 정토에 왕생하고자 하는 것은 확실히 가장 안전하고, 가장 편리하고, 가장 의지할 만한 일종의 신앙이다. 이것은 또한 자신의 역량을 자신하지 못하는 많은 사람들에게는 가장 큰 위안이고 가장 큰 은덕이다.

그러나 『아미타경』에서는 미미한 선근의 인因과 미미한 복덕의 연緣으로는 극락세계에 왕생할 수 없다고 설한다.5) 그래서 비록 아미타불의 원력이 크기는 하지만, (극락에 왕생하기 위해서는) 각자가 일상 속에서 선善을 닦고 복을 쌓을 필요가 있다. 그렇지 않으면 임종을 맞았을 때 염불을 할 힘조차 없을 수가 있다. 그때는 아미타불이 마음으로는 도와주고 싶어도 도와줄 수 없게 된다.

---

3) 『관무량수불경觀無量壽佛經』(T12n0365)을 보라.
4) T. 연지대사蓮池大師(1535-1615)의 「西方發願文」 구절이다. X61n1611_p0521c22 참조.
5) T. 『불설아미타경』, T12n0366_001_p0347b09~b10.

29. 불교는 기적을 중시하는가?

기적을 불교에서는 '신통神通'이라고 한다.

불교는 신통의 존재를 인정하고, 신통의 효능도 인정한다. 뿐만 아니라 불교의 신통력 수준은 다른 모든 종교들보다 훨씬 위에 있다.

불교에서는 신통을 크게 6가지로 나누는데, 그것은 신족통神足通, 천안통天眼通, 천이통天耳通, 타심통他心通, 숙명통宿命通, 누진통漏盡通이다.

불교에서는 모든 신과 귀신들이 과보에 따라 이런저런 신통력을 가지고 있고, 모든 범부 선인仙人들도 선정을 닦아서 신통을 얻을 수 있다고 믿는다(기독교의 기도도 마음이 완전히 통일되고 집중되기에 이르면 그 또한 선정이다). 그러나 범부와 신·귀신들은 앞의 5가지 신통을 많거나 적게, 혹은 깊거나 얕게 가질 수 있을 뿐이다. 생사를 해탈한 대·소승의 성자들만이 누진통이라고 하는 또 한 가지 신통을 갖출 수 있는데, 그것은 곧 여섯 가지 신통을 다 갖춘 것이다.

그러나 불교는 결코 신통이 만능이라고 생각하지 않는다. 인과의 법칙상, 중생의 생사와 화복禍福은 모두 자신이 짓고 자신이 받는[自作自受] 선악의 업력에서 나온다. 신통의 효능이 대단하다고 해도 그것이 인과법칙을 깨트리지는 못한다. 결정된 무거운 업보는 부처님의 신통으로도 그 상황 전체를 바꿔놓지는 못한다. 그렇지 않다면 인과법칙이 성립될 수 없다. 그래서 부처님은 세상에 계실 때 적지 않은 신통을 보였지만, 신통을 보일 때 매우 신중했다. 부처님 좌하座下의 많은 큰 아라한 제자들도 상당한 신통력을 가지고 있었으나, 부처님은 그들이 속인들 앞에서 신통을 보이지 못하게 했다.[1] 왜냐하면 신통은 일시적으로 사람들을 놀라게 할 수 있으나, 적절한 경우가 아니면 오히려 그것이 좋지 않은 결과를 가져올 거라는 것을 알고 계셨기 때문이다.[2]

---

[1] 『근본설일체유부비나야잡사根本說一切有部毘奈耶雜事』 卷第二, T24n1451_002_p0213c20~c21와 『율섭律攝』 卷第九, T24n1458_009_p0576b02~b03을 보라.
  T. 『율섭』은 『근본살바다부율섭根本薩婆多部律攝』(전14권)이며, 『근본설일체유부계경根本說一切有部契經』에 대한 주석이다.
[2] 신통의 문제에 대해 관심이 있는 분들은 『學佛知津』에 수록되어 있는 「신통의 경계와 효능(神通의 境界與功用)」을 참고해도 무방할 것이다.

30. 불교는 우상을 숭배하는가?

그렇다.1) 불교도들은 불보살의 성상聖像에 대해 숭고한 경의를 표한다. 그러나 불교도들이 불보살의 성상들에게 하는 존경과 절은 기독교도들이 생각하듯이 그렇게 유치하고 죄악 같은 것이 아니다.2)

바른 믿음의 불교도라면 빚어 만들었거나, 그렸거나, 조각된 성상들이 불보살 그 자체라고 결코 생각하지 않을 것이다.3) 그래서 그 숭배는 저급한 신앙의 만물숭배[庶物崇拜]4)와는 전혀 다르다.

바른 믿음의 불교도들이 성상을 숭배하는 목적은, 자신들의 신앙의 힘을 불보살의 자비서원[悲願]과 연결시켜 감응을 얻기 위한 것이다. 그것은 사격장의 사수가 총의 가늠자와 가늠쇠를 통해 과녁의 붉은 점을 겨누는 것과 비슷하다. 사격의 표적은 과녁의 붉은 점이지만, 그것을 명중하기 위해서는 먼저 가늠자와 가늠쇠에 의지해야 한다. 물론 일류 사수는 이런 조준의 기본동작을 거칠 필요가 없을 것이다. 마찬가지로, 불법을 깨친 불교도는 부처님이 허공에 편만遍滿하고 법계法

---

1) T. '우상偶像'이란 흙·돌·나무 등으로 만들거나 그림으로 그린 모든 형상을 말한다. 따라서 불보살의 상, 예수상, 마리아상을 포함한 모든 종교적 성상聖像은 우상에 속한다.
2) T. 기독교인들은 우상숭배를 금지한 여호와의 명령을 근거로, 유일신 여호와를 제외한 다른 모든 종교의 성상 숭배를 '우상숭배'로 규정하고 죄악시한다.
3) 『증일아함경』 卷第二十八에서는 공空을 관하는 것이 부처님께 예배하는 한 방식(當觀空無法 此名禮佛義)이라고 말한다. T02n0125_028_p0708a20.
4) T. '庶物崇拜'란 해·달·물·불 등 자연물이나 동물 등을 숭배하는 것을 말한다.

界에 충만해 있어, 어떤 우상을 감응의 매개물로 삼을 필요가 없다는 것을 발견할 것이다. 그래서 당나라 때 선종의 단하丹霞조사(738-824)가 일찍이 나무로 만든 불상을 태워서 손을 쬐었다는 공안公案이 있는 것이다.5) 그러나 아직 깨닫지 못한 불교도들이라면 어찌 불보살의 성상을 공경하지 않을 수 있겠는가? 이는 한 나라의 국민이라면 국가원수의 초상을 공경하지 않을 수 없는 것과 마찬가지다.

---

5) 『오등회원五燈會元』 卷第五, X80n1565_005_p0111a09~12.

31. 불교도들은 자살에 반대하는가?

그렇다. 계율에서 명확하게 규정하기를, 불교도는 자살을 하면 안 된다고 했다. 만약 자살한다면 그것은 죄이다.[1]

여기서 자살이란, 이번 생의 삶을 혐오한 나머지 자살한 뒤에는 거기서 벗어날 거라고 잘못 생각하여 자신을 살해하는 행위이다.

불교도들은 인과율을 믿기 때문에, 만약 제법의 실상을 깨닫지 못했거나 수행을 통해 생사에서 해탈하지 못했다면, 자살을 해 봐야 소용없다는 것을 안다. 업보가 다하지 않았으니, 설사 자살을 한다 해도 또 한 번의 생사를 받게 될 것이다. 이것은 채무자가 채권자들을 피해 여기서 저기로 주거지를 옮기는 것과 비슷하다. 그것은 소용이 없으며, 조만간 어떤 채권자들이 그를 찾아내고 말 것이다. 그래서 불교도들은 자살에 반대한다. 불교는 삶을 건설적으로 살 것과, 이 삶을 선용하여 선행을 닦는 노력을 함으로써 현재와 미래의 명운命運을 개선해 나갈 것을 권한다.

그렇지만 불교는 이기주의를 권장하는 종교가 아니다. 만일 중생을 구제하기 위해서라면 필요시에 자신의 몸을 버릴 수도 있고, 자신의

---

[1] 『사분율四分律』 卷第五十六 調部之二, T22n1428_056_p0983a11~19와 『율섭律攝』 卷第三, T24n1458_003_p0538b19를 보라.

신성한 신앙을 지키기 위해서라면 필요시 순교도 할 수가 있다. 또한 진정한 보살도의 실천자라면 자신의 머리, 눈 혹은 몸의 살 등 그 무엇도 내줄 수 있어야 한다. 예를 들어 석가세존은 과거생에 보살일 때 자신의 목숨을 거듭해서 내주곤 했다. 『법화경』에서 지적보살智積菩薩이, "(삼천대천세계를 관하건대) 겨자씨같이 작은 어디 한 곳도 보살이 (중생을 위해서) 목숨을 버리지 않은 곳이 없습니다(無有如芥子許, 非是菩薩捨身命處)"[2]라고 한 것이 가장 좋은 설명이다. 사실 『잡아함경』 권卷39와 권47을 보면 세 명의 아라한이 자살했는데, 부처님은 의외로 그것을 허락했다.[3]

---

2) *T.* 『법화경』 卷第四 提婆達多品第十二, T09n0262_004_p0035b24.
3) *T.* 『잡아함경』 卷第三十九, T02n0099_039_p0286a02~b21; 卷第四十七, T02n0099_047_p0346b07~0347b13; p0347b14~0348b01.

32. 불교는 염세厭世와 출세간의 종교인가?

　이 문제에 대해서는 두 가지 답변이 가능하다. 즉, 하나는 긍정적이고, 하나는 부정적이다. 표면적으로 보면 그 답변이 긍정적일 것이고, 총체적으로 보면 부정적일 것이다.

　불교의 종지宗旨는 생사에서 해탈하는 것이다. 나고 죽음이 있는 것은 세간법世間法이고, 나지도 죽지도 않는 것이 출세간법出世間法이다. 세간법 속에는 생사가 있어, 괴로움은 많고 즐거움은 적다. 일체가 환幻과 같이 변하여 무상하며, 탐내거나 집착할 가치가 없다. 불교에서는 세인들이 세간의 재물과 색色의 즐거움을 탐하고 집착하는 것을, 무지한 어린아이가 칼날에 묻은 꿀을 핥고 싶어 하는 것과 같다고 묘사한다. 한 끼니 분량도 되지 않는 꿀을 먹으려다가 혀를 베일 위험이 있다.1) 오욕五欲(재물·색·명예·음식·잠)의 즐거움은 손으로 옴을 긁는 것과 같아서, 긁을 때는 시원하지만 긁기를 그치자마자 고통이 돌아온다. 그래서 세간의 쾌락은 순간적이고, 세간의 고통은 오래간다.

　불교도들은 괴로움은 많고 즐거움은 적은 이 세간에 염증을 느껴 벗어나고 싶어 하기 때문에 생사 해탈을 추구한다. 그래서 불교는 세간을 싫어하고 세간을 벗어나려는 경향이 있음을 알 수 있다.

---

1) 『사십이장경四十二章經』을 보라. T17n0784_p0723a25~26.

하지만 불교는 자기잇속만 추구하는 종교가 아니다. 불교도는 자신이 세간을 벗어나는 것 외에, 법을 설하여 일체 중생이 모두 벗어나게 하려고 할 것이다. 그래서 만약 사람이 성불하기를 바란다면, 반드시 먼저 보살도를 행해야 한다. 그리고 보살도를 실천하려면 반드시 세간 속으로 더 깊이, 더 폭넓게 들어가야 한다. 세간의 군중 속으로 들어갔을 때만 그들을 교화할 수 있다. 군중을 교화하기 위해서는 삶 속에서 행위의 가치를 적극적으로 긍정하고, 삶 속에서 도덕적 가치를 발휘해야 한다. 그렇지 않으면 군중 속에서 남다른 공헌을 하지 못하고, 특별히 봉사한 것이 없고, 뛰어난 언설이 없을 것이니, 군중이 어떻게 기꺼운 마음으로 그 교화를 받아들일 수 있겠는가? 그래서 바른 믿음의 불교도라면 누구나 세간에 들어가는 것을 수단으로 삼는다. 이로써 우리는 '세간을 싫어함'이 세간으로 들어가는 동기이고, '세간을 벗어남'이 세간으로 들어가는 목적임을 알 수 있다.

소승의 성자들 중 어떤 사람들은 해탈을 이룬 아라한들이지만, 열반에 든 뒤에는 다시 세간으로 돌아올 마음이 없다. 그러나 『법화경』에서는, 진정한 아라한은 결국 반드시 소승을 떠나 대승으로 나아갈[迴小向大] 것이며, 대승의 마음을 내어 보살도를 행할 것이라고 말한다.2)

---

2) T. '회소향대迴小向大'는 『법화경』 문구가 아닌 주석가들의 표현이다. 인순법사에 따르면, 부파불교에서는 '四善根'(煖·頂·忍·世第一法) 중 忍位 이후로는 迴小向大가 불가능하다고 보았고, 초기 대승경전 『반야경』과 『유마경』도 부정적인 입장이었으나, 초기 대승경전이면서 '일불승一佛乘' 사상을 전개한 『법화경』(방편품, T09n0262_001_p0007b02~c09) 이후로 소승인들의 迴小向大가 가능하다고 보게 되었다. 한편 『법화경』 卷第二에서 마하가섭은, 자신과 여러 아라한들이 부처님이 설한 대승법을 듣고 나서 대승으로 바꾼 뒤 "진정한 아라한"이 되었다고 말한다(T09n0262_002_p0018c21). 『수능엄경』 卷第五에서는 持地菩薩이 "저는 무생인無生忍을 깨달아 아라한이 되었지만, 마음을 돌이켜 보살위菩薩位로 들어갔습니다"라고 말한다(T19n0945_005_p0127b19~20).

33. 성불하기까지는 얼마나 오래 걸리는가?

이야기하자면, 이것은 아주 요원하고 어려운 일이다. 생사를 해탈하는 것은 아주 어렵지는 않다. 벽지불과辟支佛果(벽지불의 깨달음)를 얻는 것은 오래 걸려야 백 겁劫이고, 빠르면 네 생生만에도 된다. 아라한과阿羅漢果를 얻는 것은 한 생, 세 생에도 되고, 길어야 백 겁이면 된다. 근기가 예리한 사람이 대승도大乘道를 닦으면 금생에도 육근청정위六根淸淨位(생사의 가장자리에 이미 도달하여, 초지初地의 성위聖位에 진입하려는 단계)에 오를 수 있다. 그러나 부처가 되고 싶다면 그것은 간단하지 않다. 통상 불법에 대한 신심을 내고부터 성불에 이르기까지 3대무수겁無數劫이 필요하다('무수無數'란 숫자가 없다는 것이 아니라 헤아리기 어렵다는 뜻이다). 한 겁만도 오랜 시간인데 하물며 3대무수겁이겠는가? 이 기나긴 시간 속에서 널리 중생을 이익되게 하면서 보살도를 닦아야 한다. 특별히 부지런히 노력한다면 그 시간을 단축할 수도 있지만, 그렇지 않으면 더 길어질 수도 있다. 여하튼 복덕과 지혜가 궁극의 수준까지 완전해지고, 널리 중생을 교화·구제하는 은택을 베풀어 그것이 시방十方에 두루 미치고 법계法界에 충만하지 않는다면 부처가 될 수 없다.

사실 시간과 공간이라는 관념은 범부들의 분별 작용에 속한다. 성위의 보살에 도달하면 이런 비교 계산을 전혀 하지 않는다. 왜냐하면 시간과 공간이라는 개념적 틀은 물리 세계의 표지標誌일 뿐이고, 순수한 정신계에 도달하면 시간의 장단長短과 공간의 대소大小는 아예 설자리가 없기 때문이다. 보통 사람의 꿈속에서조차도 일반적인 시공의 제약을 받지 않는데, 하물며 세간을 초월한 성인들이겠는가? 그래서 불경에서는 긴 겁[長劫]이 짧은 겁[短劫] 속에 들어가고, 한 겁이 모든 겁 속에 들어가고 모든 겁이 한 겁 속에 들어가며, 한 생각이 삼세三世 속에 들어가고 삼세가 한 생각 속에 들어가는가 하면, 대천세계가 한 미진 속에 들어가고, 한 미진이 대천세계와 같으며, 나아가 한 터럭 구멍 속에 무량한 세계가 들어간다는 등으로 말하고 있다(『화엄경』을 보라).[1] 이런 말들은 얼핏 보면 믿기 어려운 신화 같지만, 객관적으로 깊이 생각해 보면 일리가 있다고 느낄 것이다. 물론 범부가 이런 높은 경지를 실제로 깨달을 수는 없다.

---

1) *T.* 예컨대 『화엄경』 卷第七十七 入法界品第三十九之十八(T10n0279_077_p0423b10~b17); 卷第四十九 普賢行願品第三十六(T10n0279_049_p0258b27~c06); 卷第八十 入法界品第三十九之二十一(T10n0279_080_p0440b03~c19) 등에 이런 표현이 산재해 있다.

33. 성불하기까지는 얼마나 오래 걸리는가? 107

34. 그 자리에서 성불할 수도 있는가?

그렇다. 불교에는 "백정이 칼을 내려놓으면 그 자리에서 성불한다(放下屠刀, 立地成佛)"[1]는 말이 있다. 이는 세간에서 말하는 "탕자가 돌아온 것은 금을 주어도 바꾸지 않는다(浪子回頭金不換)"는 것과 비슷하다.

그러나 탕자가 돌아오는 것이 귀한 가치가 있는 것은 그가 자신의 잘못을 고치고 바르게 행동할 수 있기 때문이다. 잘못을 고쳐 바르게 된 후 자신의 인생을 적극적으로 재건해야만 "돌아왔다"고 할 수 있고, 그래서 "금을 주어도 바꾸지 않을" 가치가 있다. 마찬가지로, 불교에서 "백정이 칼을 내려놓으면 그 자리에서 성불한다"는 말도 실은 백정의 성품 중에서 좋은 면, 곧 그의 불성佛性을 긍정하는 것일 뿐이다. 백정이 실제로 바로 그 자리에서 위없고 완전한 바른 깨달음[無上正等正覺]—즉, 부처의 과위果位를 성취한다는 것이 아니다.

그래서 천태종의 원교圓敎에서 말하는 부처에는 여섯 가지가 있고, 이를 '육즉六卽'이라고 한다. (상세는 다음의 표 참조.)

표에서 든 여섯 가지 부처 중 첫 번째 것은 일체중생을 가리킨다. 부처님은 "일체중생이 다 불성을 가졌다(一切衆生 皆有佛性)"[2]고 했다.

---

[1] *T.* 중국불교에서 써 온 하나의 관용 표현.
[2] *T.* 다양한 중국불교 문헌에서 비슷한 여러 표현으로 나오는 말. 원 출처는 『화엄경』(60권본) 卷第三十五, T09n0278_035_p0624a16~20에서 찾을 수 있다.

[육즉六即]

1. 이즉불理即佛: 중생이 본래 이치의 본체[理體]인
   깨달음의 성품―불성을 갖추고 있는 것
   (불성을 갖추고 있을 뿐임) ⎯⎯⎯⎯⎯⎯⎯⎯⎤
2. 명자즉불名字即佛: 자기에게 불성이 있다는 것을   ├─ 외범外凡
   듣고, 그것을 개념적으로 이해함
   (불성을 이해했을 뿐임) ⎯⎯⎯⎯⎯⎯⎯⎯⎯⎯⎯⎯⎯⎦
3. 관행즉불觀行即佛: 순간순간 자기 마음을 관하여
   번뇌를 조복받는 것 ─ 제자오품위弟子五品位(수희·
   독송·설법·겸행육도兼行六度·정행육도正行六度) ─ 외품外品 ─┐
4. 상사즉불相似即佛: 수행이 깊어서 육근청정위에   ├─ 내범內凡
   도달한 것. ─ 십신위十信位   ─ 내품內品 ─┘
5. 분증즉불分證即佛: 이미 성위에 들었고, 계속 무명을
   깨트리고 깨달음 성품[覺性]―불성을 실제로 증득함
              ─ 십주위十住位 ─┐
              ─ 십행위十行位 │
              ─ 십회향十廻向   ├─ 성인聖因
              ─ 십지위十地位 │
              ─ 등각위等覺位 ─┘
6. 구경즉불究竟即佛: 무명이 끊어지고 공덕이 원만하며
   깨달음 성품을 원만히 깨침.
              ─ 묘각위妙覺位   ─── 성과聖果

* 제자오품위·십신위·십주위·십행위·십회향·십지위·등각위·묘각위를 '원교팔위圓教八位'
  라고 함.

즉, 대지大地의 모든 중생들이 여래의 지혜와 덕상德相을 가졌다는 것이 곧 '이즉불理即佛'이다. 두 번째는, 이미 불법을 들은 사람은 자기에게 본래 불성이 있고, 부처가 될 잠재력이 있다는 것을 아는 것을 가리킨다. 세 번째는 불법을 닦아서 번뇌를 조복 받은(끊은 것은 아닌) 사람들을 가리킨다. 네 번째는 이미 육근이 청정해져서 곧 성위聖位로 진입하려는 사람들이다. 다섯 번째는 초주初住 이상의3) 성위보살聖位菩薩이다. 여섯 번째에 도달해야 진정한 성불이고, 불과佛果가 완전하며, 위없는 정변지각正遍知覺이다.

여기서 우리는 "그 자리에서 성불한다"는 말에서의 '불', 즉 '부처'가 첫 번째의 '이불理佛'이나 두 번째의 '명자불名字佛'을 가리키지, 여섯 번째의 '구경불究竟佛'이 아님을 알 수 있다. "백정이 칼을 내려놓은" 때부터 그는 불성을 완성하는 과정을 시작한 것이고, "그 자리에서 성불한다"는 것은 "고개만 돌리면 바로 언덕입니다"라고 말하는 것과 같다. 사실 백정이 칼을 내려놓는다고 해도 바로 부처가 되는 것은 결코 아니고, 고해苦海에서 고개를 돌린다고 해서 바로 언덕에 오르는 것은 결코 아니다!

이런 도리를 이해한다면, 선종의 깨달음[開悟]도 미루어 짐작할 수 있다. 많은 사람들은 "바로 이 마음이 부처다(即心即佛)", "마음을 밝히는 것이 부처다(明心是佛)", "무심이 부처다(無心是佛)", "어머니의 태에서 나오기 전의 본래면목을 보라" 등이 모두 성불의 의미라고 생각한다.

---

3) T. 중문판에서 '초지初地 이상의'라고 했으나, 표와 일치하도록 '초주 이상의'로 수정한 영문판을 따른다('초주'는 십주위의 첫 번째 계위이다).

또한 일단 깨달으면 "검은 칠통의 밑바닥이 뻥 뚫리고(黑漆桶兜底打穿)" 그것이 곧 성불이라고 생각한다.4)

사실 깨달음[開悟](견성)이 곧 성불은 아니고, 그것이 곧 견도見道인 것도 아니다. 예를 들어 송나라 때의 고봉원묘高峯圓妙(1238-1295) 선사는 자신이 평생 열심히 노력했는데, 큰 깨달음이 18번, 작은 깨달음은 부지기수였다고 했다. 그래서 우리는 (한 번의) 깨달음이 결코 성불은 아님을 알 수 있다. 만일 깨달음이 곧 성불이라고 한다면, 그것은 '이불理佛'에서부터 '상사불相似佛'까지의 단계이지 절대로 '구경불究竟佛'은 아니다. 기껏해야 선종의 깨달음은 '득법안정得法眼淨'5)—견도見道—에 가까우며, 그것은 소승의 초과初果(수다원과), 대승의 초지初地일 뿐이다.6) 그래서 선종에서는 삼관三關, 곧 본참本參·중관重關·뇌관牢關을 깨뜨린 뒤에야 생사의 흐름에서 비로소 벗어난다.7) 만약 천태종의 원교圓教에서 말하는 '여섯 가지 즉불即佛'로써 가늠해 본다면, 선종에서 셋째 관문인 뇌관牢關을 타파한 것은 원교의 네 번째 단계인 '상사즉불相似即佛'의 계위일 뿐이다.8) 바로 이런 이유에서, 선종의 조사들은 '입처入處'를 발견하고 나면9)—즉, 검은 칠통의 밑바닥이 뻥 뚫린 뒤에는—

---

4) T. '칠통' 옻나무에서 뽑은 옻을 담아둔 통으로, 검은색이다. 선종에서 '칠통'은 본래의 청정한 성품이 무지로 인해 오염된 상태를 상징한다.
5) T. 이것은 입류入流 혹은 초지初地보살의 지견知見에 상응한다.
6) T. 성위聖位의 수행에는 견도見道·수도修道·무학도無學道가 있다. 대승불교에서 '견도'는 '십지' 중 초지에 해당한다('수도'는 2지~9지, '무학도'는 십지 이상이다).
7) T. '삼관'의 첫 단계인 '초관初關'은 본참 공안를 타파하는(破本參) 단계이다. '本參'이란, 수행자가 자신의 주된 수행 주제로 탐구하는 특정한 수단(예컨대 화두)을 말한다.
8) T. 이것은 앞의 '육즉' 이론을 원용한 논의이지만, 선종의 관점에서는 견해가 다르다. 뒤의 각주 11)을 보라.
9) T. '입처를 발견한다'는 것은 '견성'을 의미한다.

흔히 물가나 숲속에 은둔하며 '성태聖胎10)를 기른' 것이다. 왜냐하면 그들은 아직 성인의 계위階位에 들어가지 못했기 때문이다.

이런 점을 놓고 본다면, 깨달음에 대해 잘못된 관념을 가지고 그냥 맹목적으로 수행해 온 선객들은 마음을 새롭게 가다듬을 수 있을 것이다. 왜냐하면 그들이 설사 삼관三關을 뚫었다 하더라도, 여전히 현위 賢位의 범부(위 표 상의 '내범')일 뿐이기 때문이다.11)

---

10) T. '성태聖胎'란 견성하여 성자의 단계에 진입했으나 아직 수행이 충분히 성숙되지 않은 상태를 가리킨다. 즉, 번뇌가 멸진되지 않은 단계이다. 도가에서도 '성태'라는 말을 쓰는데, 그것은 수행자의 뱃속에서 '양신陽神', 곧 수행자 자신의 분신이 자라나고 있을 때를 의미한다. (양신이 어느 정도 성숙하면 수행자의 정수리를 통해 밖으로 나오기 시작하고, 그것이 더 성숙하면 결국 분신이 된다고 한다.)
11) T. 이것은 앞에서 보았듯이 '육즉' 이론에 따른 것이지만, 선종의 관점은 다르다. 예컨대 대만의 유각선사惟覺禪師는 '초관'이 제7식(자아 관념)을 타파하는 것이고, '중관'은 법집法執을 깨트려 생사를 요달하고 '성위聖位'에 들어간 것이며, '뇌관'을 타파하면 시작 없는 무명無明을 타파하고 청정법신을 얻는다고 설명한다. 즉, '삼관'을 타파하면 '구경각'이라는 것이다(단, '구경각'은 '구경불'과는 다른 개념이다). 성엄 스님 자신도 「보경삼매가」 강해에서 '편정오위偏正五位'를 '삼관'과 관련 지위 설명할 때는 '뇌관'을 타파하면 자연히 궁극의 수준까지 이르게 된다고 했다(『지극한 도는 어렵지 않다』, 272쪽). 한국의 성철선사性徹禪師는 '숙면일여熟眠一如' 단계가 보살의 십지 중 8지이며, 이후 자연히 8지 이상의 구경각인 '진여위'로 나아간다고 했다(「고경」 제55호, 34쪽 이하). 따라서 선종의 관점에서는 '삼관'의 타파가 '상사즉불'이 아니라 '분증즉불'의 '십지' 단계에 속하며, 당연히 '성인'의 지위에 해당한다.

35. 불교는 인류의 미래에 대해 비관적인가?

무릇 바른 믿음의 불교도는 이 문제에 대해 단호히 "아니다"라고 대답할 것이다.

불교도들은 아주 오랜 시간이 지난 뒤, 곧 대략 56억 년 뒤에―분명히 지구가 소멸하기 전에―반드시 미륵세존彌勒世尊으로 불리는 또 한 분의 부처가 인간 세상에 출현할 것임을 믿는다.[1] 그때의 인간들은 도덕적으로도 발전되고 물질적으로도 발전되어, 지구는 안락하고, 장엄하고, 아름답고, 청정하고, 고르고, 통일적이고, 자유롭고, 사람들이 선량하고, 서로 협조적일 것이며, 교통, 주택, 의복, 음식, 못과 정원, 과일나무와 꽃나무들, 좋은 새들, 오락, 교육, 문화 등 각 방면이 모두 건전하고, 풍부하고, 아름답고, 깨끗할 것이다. 그 시대의 사람들은 체격이 크고, 수명이 길 것이며, 얼굴 모습이 단아하고 위엄이 있을 것이고, 기력이 충만할 것이다. 세계는 통일되어 있고, 언어도 통일되어 있고, 사상도 통일되어 있어서, 전 세계 사람들이 형제와 같고, 모두 건강하고 행복하게 살아갈 것이다. 그때의 인류는 추위와 더위, 배고픔과 갈증을 느끼는 것과, 대소변 욕구와 성욕이 있는 것, 음식을 먹어

---

1) 미륵의 도래 시기에 대한 다른 설들은 『불조통기』 卷第三十(T49n2035_030_p0301a5~7) 참조.

야 하고, 늙으면 죽어야 하는 것을 제외하면, 거의 서방 극락세계가 지구로 옮겨온 것 같을 것이다.

불교에서는, 무릇 석가세존의 불법에 귀의하고 신앙했던 사람들은 미륵불이 세상에 오실 때 모두 함께 와서 함께 설법을 듣고, 함께 미륵불로부터 "그대는 언제 성불할 것이다"라는 수기授記를 받을 것임을 믿는다.

미륵불이 세상에 오시는 때가 먼 미래이기는 하지만, 바른 믿음의 불교도들은 그때가 반드시 올 것이라는 것을 깊이 믿는다. 그 위대하고 찬란한 시대가 올 때를 맞이하기 위해, 바른 믿음의 불교도들은 인간사회의 진보를 돕기 위한 여러 가지 일들을 하면서 응분의 책임을 다해야 할 것이다.[2]

---

[2] 상세한 것은 '미륵3부경'(『불설관미륵보살상생도솔천경』 T14n0452, 『불설관미륵보살하생도솔천경』 T14n0453, 『불설미륵대성불경佛說彌勒大成佛經』 T14n0456)과 『장아함경』 卷第六(六), T01n0001_006_p0039a22~0042b19, 『중아함경』 卷第十三(六六), T01n0026_013_p0508c11~0511c12, 『증일아함경』 卷第四十四 十不善品(三), T02n0125_044_p0787c02~0789c27을 보라.

36. 겁劫이란 무엇인가?

'겁劫'은 범어 단어 kalpa의 음역인데, 불교에서 만들어낸 단어는 아니고 고대 인도에서 시간을 계산하는 하나의 일반적 용어였다. 그것은 긴 시간이나 짧은 시간을 의미할 수 있으며, 길다면 무한히 긴 시간이고, 짧다면 한 찰나일 수도 있다.[1]

그러나 통상 겁劫이라고 하는 것은, 우리의 이 사바세계에서는 아주 긴 시간을 가리킨다. 불경에서 이야기하는 겁은 세 가지로 나뉜다.

1. 소겁小劫: 우리 지구 인간들의 수명을 가지고 계산할 때, 인류가 8만 4천 세로 장수할 때로부터 백 년마다 한 살씩 수명이 줄어 인류의 수명이 10살밖에 안 될 때까지를 '감겁減劫'이라 하고, 다시 10살부터 백 년마다 한 살씩 수명이 늘어 8만 4천 세가 될 때까지를 '증겁增劫'이라고 한다. 이와 같이 한 번 줄어들고 한 번 늘어나는 시간을 합쳐서 1소겁小劫이라고 한다.[2]

2. 중겁中劫: 20소겁이 경과하는 것을 1중겁中劫이라고 한다. 불전에 따르면 우리가 있는 지구의 존재 기간은 '성成·주住·괴壞·공空'의 4단계로 나뉘는데, 각 단계의 기간은 공히 20소겁이다. '주住'의 단계

---

1) 여러 겁劫과 삼세三世의 일천 부처님[千佛]에 대해 더 자세한 것은 『불조통기佛祖統紀』 卷三十, T49n2035_030_p0297c27~0302c20을 보라.
2) T. 감겁과 증겁이 각 8,399,000년이므로 1소겁은 16,798,000년에 해당한다.

에서만 인류가 생존할 수 있다. 처음 '성成'의 단계에서는 기체가 액체로 되고, 액체가 다시 고체로 응결된다. 그래서 이때는 지구에서 인류가 살아갈 수 없다. '괴壞'의 단계가 되면 극렬한 파괴가 일어나기 때문에 역시 인류가 생존하기에 적합하지 않다. 49번의 큰 화재, 7번의 큰 수재水災, 한 번의 큰 풍재風災가 있은 뒤에 지구는 사라진다고 한다. 괴겁壞劫이 끝나면 '공'겁空劫이 시작되고, 아무것도 없는 가운데 20소겁이 경과한 뒤 다른 새로운 지구가 점차 형성되면서 또 한 번의 '성成'의 단계로 들어갈 것이다. 불교에서는 이 '성成·주住·괴壞·공空'의 네 단계를 네 중겁中劫이라고 하며, 각기 성겁成劫·주겁住劫·괴겁壞劫·공겁空劫이라고 부른다.

3. 대겁大劫: '성成·주住·괴壞·공空'의 네 단계를 경과하는 것이 1대겁이다. 바꾸어 말해서 지구 세계가 한 번 생겨나서 소멸하는 것이 1대겁이다. 그러나 괴겁壞劫 중에는 매번 한 번의 큰 화재가 일어나서 무간지옥無間地獄에서부터 색계의 초선천初禪天까지 태워버리고, 매번 한 번의 큰 수재가 일어나서 무간지옥에서부터 색계의 2선천二禪天까지 파괴하며, 마지막으로 한 번의 큰 풍재가 일어나서 무간지옥부터 색계의 3선천三禪天까지를 파괴할 것이다. 색계의 4선천四禪天부터 무색계의 4공천四空天까지를 제외하고, 삼계三界 내의 동물·식물·조류·어류 등 일체 만물은 이 겁劫을 피하기 어렵다. 그러나 슬퍼할 필요는 없다. 괴겁壞劫이 도래할 때 이 세계의 중생들은 다른 세계에 환생하거나 아니면 4선천四禪天에 바로 나서, 한 중생도 안전한 곳에 있지 않은 자가 없을 것이다.

불경에서 말하는 겁劫은 중겁이나 소겁이라고 밝히지 않는 한 통상 대겁大劫을 가리킨다. 삼계三界 중생의 수명은 태어나자마자 죽는 아주 짧은 것부터 무색계 중생의 아주 긴 것까지 있고, 가장 긴 비상비비상천의 수명은 무려 8만 4천 대겁에 이른다. 그들의 삶은 지구가 8만 4천 번 생멸하는 기간과 맞먹는다. 그래서 그들은 자신들이 이미 불생불사不生不死에 도달했다고 생각할지 모르지만, 사실 8만 4천 대겁이 끝나면 그들도 생사를 받을 수밖에 없다. 부처님의 안목에서는 8만 4천 대겁도 찰나의 시간에 불과하다. 해탈도解脫道를 닦아야만 '아我'가 공空함을 깨닫고 열반에 드는데, 이것은 불생불사의 경계이다. 여기서 진일보하여 '법法'에 대한 집착을 없애야만 보살이라고 할 수 있다. 보살은 생사에서 해탈했지만 열반에 머무르지 않고, 중생들에게 맞추어 여러 가지 응신을 나투어 그들을 교화하면서 성불의 길을 간다.

여러분은 이렇게 묻고 싶을지 모른다. "우리의 지구는 수명이 얼마나 되는가?" 이 질문에는 비유로 답할 수 있다. 예를 들어 지구의 '주'겁住劫 수명이 백 세라고 하면, 지금의 지구는 45세이다. 주겁은 20소겁으로 이루어지는데, 현재는 제9소겁의 감겁減劫 시기이다. 그러니 여러분은 부디 안심하고, 기독교에서 "지구의 종말이 온다"고 하는 말에 겁먹지 말기 바란다. 그러나 매 소겁의 감겁이 10세의 수명에 도달하기 전에는 역병疫病·기아·전쟁의 세 가지 재앙이 인간들에게 닥칠 것이다. 그것은 사람들의 마음이 날이 갈수록 타락하여 스스로 자초하는 결과[自作自受]일 것이다. 그러나 이 세 가지 작은 재앙은 국부적이고 일시적인 것이어서, 비록 인류의 많은 사람이 죽기는 하겠지만 인류가 소멸하지는 않을 것이다. 오히려 여러분에게 전해드릴 좋은 소식이 하나 있다. 즉, 이후의 10.5소겁 동안 996분의 보살들이 지구상에 와서 성불할 거라는 것이다. 맨 처음 이곳에 와서 성불할 분은 바로 미륵불彌勒佛이다. 그래서 불교에서는 미륵을 "당래하생미륵존불當來下生彌勒尊佛"이라고 부른다. 미륵불이 지구에 내려와서 성불하는 것은 제10소겁의 증겁에서 사람들의 수명이 8만세일 때이며, 대략 지금부터 56억 년(천만을 억으로 계산할 때) 뒤이다.3)

인간의 수명이 늘어나거나 줄어들고, 늘어날 때는 8만 4천 세까지도 늘어난다는 것은 사실로 받아들여도 무방하다. 왜냐하면 대·소승 경전에 공히 그렇게 기록되어 있기 때문이다. 경에서 이렇게 말한다. "그 수명이 줄어 10살이 된다. 10세 시대의 사람은, 여성은 태어난 지 다섯 달에 시집을 간다. 이 시대에는 소유酥油·석밀石蜜·흑밀黑蜜 같은 단것들은 그 이름도 들어보지 못하게 될 것이다."4) 또 이렇게 말한다. "8만 세 시대의 사람은, 여성은 오백 세가 되어야 시집을 간다. … 이 때의 대지는 평평하여 도랑·구덩이·언덕·가시나무가 없고, 모기·각다귀·뱀·도마뱀·독충이 없을 것이다. 기와·돌멩이·자갈·모래는 유리로 변해 있을 것이다. 사람들은 원기왕성하고, 오곡은 풍부하고 값싸며, 그 풍요와 즐거움이 한이 없을 것이다."5)

---

3) T.『불조통기』에는 미륵불 도래시기에 대한 몇 가지 설이 나온다. 여기서 '소겁' 계산법으로 계산하면 약 2억 4,800만 년이 나오는데, 스님이 말하는 '56억 년'은 "천만을 억으로 계산"하면 5억 6천만 년이 된다. ("천만을 억으로 계산"하는 근거는 알 수 없다.)
4)『장아함경長阿含經』卷第六, T01n0001_006_p0041a11~14.
   T. '소유'는 버터를 정제한 것, '석밀'은 재거리(jaggery), '흑밀'은 흑설탕을 가리킨다.
5)『장아함경』卷第六, T01n0001_006_p0041c22~28.

37. 대천세계大千世界란 무엇인가?

불경에서 말하기를, 하나의 일월계日月系가 하나의 '소세계小世界'이다. 수미산須彌山이 중앙에 있고, 그 주위를 해와 달이 돈다. 그래서 하나의 수미산이 있으면 하나의 소세계가 있다. 수미산의 실재 여부는 지금까지도 불교학에서 해결되지 않고 있는데, (일본 학자들과 같은) 일부 진보적 불교학자들은 그것이 인도 고대의 전설에서 나온 것이며, 부처님 당시에는 그 전설을 임시로 차용하여 불법을 설한 것일 뿐, 전설상의 수미산이 있느냐 없느냐는 부처님이 설하려던 내용과 무관하다고 말한다. 부처님의 목표는 수미산 전설을 이용하여 중생을 깨우치고 제도하는 불법을 설하는 것이었다는 것이다. 이것은 받아들일 만하다. 그러나 불교의 세계관을 이야기하려고 한다면, 수미산을 이야기하지 않고는 불가능하다. 궁극적으로 수미산은 어디에 있는가? 필자는 그 존재를 감히 부정할 수 없지만, 긍정할 수도 없다. 우리가 그 진상을 규명하기 전에는 의문을 가지고 있는 것이 비교적 안전한 태도이다. 그래서 나는 수미산 문제는 잠시 한쪽으로 밀어두겠다.1)

'소세계'의 범위는 하나의 일월계인데, 그것은 태양계 또는 항성계를

---

1) 불교 우주론에 대해서 더 알려면 『불조통기佛祖統紀』 卷第三十一 '世界名體志'를 참고하라. T49n2035_031_p0302c29 이하.

가리킬 수밖에 없다. 항성들은 공히 몇 개씩 위성을 거느리므로 모든 항성은 모두 태양이고, 위성들은 모두 달이다. 우리의 태양계로 말하면, 달은 당연히 달이고, 지구 등 9개의 큰 행성도 위성 혹은 달이라고 할 수 있다.

천 개의 소세계를 소천세계小千世界라고 한다. 소천세계의 1소세계의 범위는 하나의 수미산에서부터 색계의 대범천大梵天까지이다.

천 개의 소천세계를 중천세계中千世界라고 한다. 중천세계의 1중세계(1소천세계)의 범위는 색계의 광정천光淨天[2]까지이다.

천 개의 중천세계를 대천세계大千世界라고 한다. 대천세계의 1대세계(1중천세계)의 범위는 색계의 변정천遍淨天[3]까지이다.

소세계를 천 배 하여 소천세계, 그것을 천 배 하여 중천세계, 그것을 다시 천 배 하여 대천세계이므로, 천 배씩 세 번 거듭했기 때문에 '삼천'대천세계라고 하지만, 실은 하나의 대천세계일 뿐이다.

대천세계의 통치자는 색구경천의 대범천왕大梵天王(마헤스와라)이다.

각 대천세계에 대범천왕이 한 명씩 있는데, 대천세계가 무수히 많으므로 대범천왕도 무수히 많다. 우리의 이 대천세계는 총칭하여 '사바세계娑婆世界'라고 한다. 한 대천세계가 한 부처의 교화 영역이다. 석가세존을 '사바교주娑婆敎主'(사바세계의 으뜸인 스승)라고 하는 것도 이 때문이다.

---

2) *T*. '광정천'은 곧 '광음천'이다. '광음천'을 『아비달마구사론』에서 '極光淨天'이라고 하였다.
3) *T*. 중문판에서는 '광음천'이라고 했으나 이는 광정천과 중복이며, '변정천'으로 수정한 영문판을 따른다. 이와 관련하여, 1대천세계의 범위는 어디까지인지 여기에 나와 있지 않으나, 영문판의 보완된 문장에 따르면 "1대천세계의 범위는 색구경천까지이다."

우리가 사는 지구는 대천세계 속의 극히 작은 한 단위일 뿐이다. 그래서 석가세존께서 당신의 교화 영역에서 널리 중생을 교화하기 위해서는 천백억 화신을 나투어야만 전체를 두루 교화할 수 있다. 비록 그와 같이 천백억 몸을 나투기는 해도, 당신은 여전히 사바세계라는 하나의 대천세계 안에 계실 뿐이다.

이것으로 볼 때, 불교의 우주론이 얼마나 광대하면서도 현대의 천문학적 관점과 부합하는지를 알 수 있다.

'영락관방'에 들어가기 전 그 앞에 선 성엄 스님

38. 불교의 수행방법은 무엇인가?

그렇다. 이것은 아주 중요한 문제이다. 만일 우리가 불교를 신앙하기만 하고 생활 속에서 불교를 실천하지 않는다면, 그것은 미래에 성불할 선근善根의 씨앗을 심는다고 할 수 있을 뿐, 이번 생에 어떤 이익을 얻기는 어려울 것이다.

불교적 수행[修持]이란 불교적 생활방식을 실천하는 것이다. 가장 주된 것은 네 가지, 즉 믿음[信]·계율[戒]·선정[定]·지혜[慧]이다.

신심信心이 없다면 아직 불문佛門에 들지도 못한 것이다. 그래서 신심은 불교를 실천하기 위한 첫 번째 요건이다. 삼보에 귀의하는 것이 신심을 확립하는 첫 단계이다.

계戒의 내용은 광범위하지만, 일반적 요건은 오계五戒·십선十善을 지닐 수만 있으면 된다는 것이다. 거기에다 팔계八戒나 보살계까지 받을 수 있다면 가장 좋을 것이다. 불교도들에게 계戒는 전장戰場에서 요새를 지키는 병사들이 방어공사를 하는 것과 비슷한 기능을 한다. 만일 오계·십선을 잘 지키지 못한다면 불교도의 기질이 아예 없는 것이다. 계를 지키지 않으면서 선정을 닦으면 마경魔境에 떨어질 것이다.

선정은 마음을 거두어들이고 집중하여 외부 경계가 마음을 동요시키지 못하게 하는 것이다. 이것은 많은 종교들이 공통적으로 중시하는 공부이다. 인도의 여러 '외도外道' 종교들도 선정을 닦고, 중국 도교의 '토납吐納'(호흡 수련법)과 서양 기독교의 기도도 모두 선정 공부의 일종이다. 선정 공부의 효능은 마음을 한 가지 경계에 집중시키는 것이다. 마음이 한 가지 경계에 몰입하는 공부가 되었을 때라야 종교의 숭고하고 위대한 가치를 체득할 수 있고, 신체적 가벼움과 정신적 안락을 얻을 수 있다. 오욕五欲의 즐거움은 이것과 절대 비교가 되지 않는다. 마음이 한 가지 경계에 집중된 이런 상태를 일단 체험하게 되면 그 사람의 종교적 신념도 갈수록 배가될 것이며, 그런 사람이 신심을 갖지 않기란 불가능하다.

그러나 선정 공부는 결코 불교만의 것은 아니다. 불교 고유의 것은 지혜인데, 그것이 선정을 이끄는 한편 선정에 탐착貪著하는 것을 막아준다. 선정이 바깥 경계에 끄달리지 않는 내적 체험[內證]의 공부이기는 하나, 일단 선정에 들어 선열禪悅의 즐거움을 경험하면, 그 즐거움을 탐하고 좋아하여 선정에서 나오지 않으려고 하기 십상이다. 이 같은 부류의 사람들이 죽으면 그 신식神識이 선천禪天(색계의 네 禪天)에 나게 될 것이다. 불교적 경계의 단계들 중 선천은 아래위 8개의 큰 등급으로 나누어지며, 사선팔정四禪八定1)에 상응한다. 사선팔정은 모두 삼계三界 안의 색계와 무색계의 천인들 경계[天境]들이다. 이런 천인들은 수명이 길기는 하나, 아직 생사에서 해탈하지는 못했다. 그래서 불교에서는 선정을 수행의 한 방법으로 볼 뿐 수행의 목적으로 보지는

---

1) T. 초선·2선·3선·4선의 '사선四禪' 혹은 4선정은 4유색정有色定이고, 공무변처정·식무변처정·무소유처정·비상비비상처정은 4무색정無色定이며, 이를 합쳐 '사선팔정'이라고 한다. 마지막으로 멸진정滅盡定이 추가되면 9차제정九次第定이다.

않는다. 따라서 중국의 선종은 '선禪'을 근간['宗]으로 삼기는 해도, 깨달음[開悟]을 중시하지 선정을 중시하지는 않는다. 깨침[悟]은 지혜가 계발되는 것이다. 제법諸法의 실상實相을 꿰뚫는 지혜를 계발했을 때만 생사에서 해탈하여 삼계三界를 벗어날 수 있다.

사실 수행과 관련된 문제에서는 대선지식大善知識을 친근親近하는 것이 최선이며, 그래야 길을 더듬어 갈 수 있다. 여기서는 이 문제를 자세히 논할 수 없고, 위와 같이 대강만 간략히 언급했을 뿐이다.[2]

---

[2] 관심 있는 독자들은 『학불지진學佛知津』에 수록되어 있는 '해탈의 길을 어떻게 닦을 것인가(怎樣修持解脫道)'를 참고해도 무방할 것이다.

39. 불교는 고행을 주장하는 종교인가?

우리가 이 물음에 답하기에 앞서, '고행苦行'이 무엇을 의미하는지 분명히 이해해야 한다.

일반적으로 말하는 고행은, 대개 해탈을 목적으로 삼고 고생을 사서 하는 것을 수단으로 삼는 것을 가리킨다. 원칙상 이런 관념에 잘못된 것은 없지만, 고행을 시작하는 동기는 사람마다 크게 다르다. 어떤 이들은 맹목적으로 고행을 하고, 어떤 이들은 어떤 이상理想을 가지고 그렇게 한다. 맹목적 고행은 덮어놓고 하는 수련[盲修瞎練]을 가리킬 때가 많다. 그것은 마치 자갈에서 기름을 짜내려는 것과 같아서, 이론적 근거도 없고, 일정한 목적도 없다. 이상을 가진 고행에도 미신적인 것과 이성적인 것이 있다. 미신적인 고행은 '우계牛戒'를 지키며 풀을 먹고, '구계狗戒'를 지키며 똥을 먹고, '어계魚戒'를 지켜 물 속에 잠기면서 그런 것을 통해 사후死後에 천상에 날 수 있다고 생각하는 것이다. 이성적인 고행에도 두 종류가 있다. 하나는 합리적인 수행방법으로 자신의 해탈을 구하는 것이고, 다른 하나는 자신의 해탈에 쓰일 몸과 마음으로 남들(중생)의 해탈을 돕는 것이다.

이성적인 고행 외의 다른 모든 고행은 외도적外道的 고행이다.

근래에 어떤 이들은 불교가 고행을 주장하지 않고, 고통과 쾌락의 중간을 취하는 중도행中道行을 주장한다고 생각한다. 물론 부처님도 6년 동안 하던 고행을 포기하고, 허약해진 몸 상태를 회복한 뒤에 성불했다.[1] 그러나 우리는 부처님이 맹목적 고행이나 미신적 고행은 포기했지만, 오히려 이성적인 고행은 강조했다는 것을 분명히 이해해야 한다. 자신의 해탈을 구하는 것은 소승적 고행이고, 남들(중생)의 해탈을 돕는 것은 대승적 고행이다.

그래서 『장아함경』 권8에는 부처님이 니구타尼俱陀 범지梵志[2]에게 이렇게 말씀하시는 내용이 나온다.

"그대들이 하는 것은 모두 비루鄙陋합니다. 옷 없이 벌거벗고 다니면서 손으로 국부를 가리고… 소똥을 먹기도 하고 사슴똥을 먹기도 하며, 나무의 뿌리·가지·잎·과실을 먹기도 합니다. … 손을 늘 위로 치켜들고 있는 사람도 있고, 침상에 앉지 않거나 늘 쪼그려 앉아 있는 사람도 있습니다. … 가시 위에 눕는 사람도 있고 … 벌거벗은 채 소똥 위에 눕는 사람도 있으며, 하루에 세 번 목욕하거나, 하룻밤에 세 번 목욕하는 등 무수한 고행으로 그 몸을 괴롭히고 있지요!"[3]

부처님은 그런 고행에 강력히 반대했다. 왜냐하면 그것은 본인에게 괴로움만 야기할 뿐 아무 의미가 없기 때문이다. 그것은 몸을 닦아서 양생養生을 하는 것도 아니고, 마음을 닦아서 정定에 드는 것도 아니며, 남들을 이익되게 한다고는 더욱 말할 수 없다.

---

1) 『증일아함경』 卷二十三 增上品(八), T02n0125_023_p0670c02~0672c21.
2) T. '梵志(Brahmacārin)'는 외도의 출가수행자를 가리키는 말이다.
3) 『장아함경』 卷八 第二分散陀那經第四, T01n0001_008_p0047c14~0048a03.

부처님은 이어서 니구타 범지에게 불교적 고행을 말씀해 주신다.

"그런 고행자(불교적 고행자)는 '내가 이와 같이 하면 공양을 받을 것이고, 공경과 시봉을 받을 것이다'라는 생각을 하지 않습니다. … 공양을 받고 나면 거기에 집착하지 않으며, 멀리 벗어나 세간을 떠나는 법을 압니다. … 그는 다른 사람의 바른 뜻을 알면 기뻐하면서 그것을 승인하고, … 자신을 칭찬하지 않고, 남들을 비방하지 않습니다. … 죽이지 않고, 훔치지 않고, 음행 하지 않고, 이간하는 말과 나쁜 말과 거짓말과 아첨하는 말을 하지 않으며, 무엇을 갖고 싶어 하거나, 질투하거나, 그릇된 견해[邪見]를 갖지 않습니다. … 그는 부지런히 노력하여 잊지 않고, 선정을 닦기를 좋아하며, 많은 지혜를 닦습니다. … 그는 자만하지 않고, 교만하지 않고, 잘난 체하지 않으며 … 늘 신의를 지키고, 반복해서 수행하며, 청정한 계戒를 지킬 수 있고, 부지런히 가르침을 받습니다. … 늘 훌륭한 사람들과 어울리고, 선한 공덕을 쌓습니다. … 그는 증오심을 품지 않고 교활하거나 남을 속이지 않으며, 자기 견해를 고집하지 않습니다. 남의 단점을 찾지 않고, 그릇된 견해를 품지 않고(인과因果를 불신하는 것이 그릇된 견해이다), 극단적 견해[邊見]도 없습니다(중도中道가 아닌 것이 극단적 견해이다. 영혼이 영구불변이라고 믿거나, 죽은 뒤 다른 삶을 갖게 된다는 것을 믿지 않는 것이다). 이것이 고행으로 불순수함을 떠나는 방식[苦行離垢法]입니다."4)

불교적 고행에 대한 이런 법문法門을 읽고 나면 우리는 무한한 친근

---

4) 『장아함경』 卷第八 第二分散陀那經第四. T01n0001_008_p0048b02~27.

함을 느끼게 될 것이다. 그 내용은 바로 지계持戒·선정禪定·지혜 등 해탈법이기 때문이다. 이것은 인간 세상에서 올바르게 살아가는 방식이기도 하지만, 해탈을 추구하는 이성적 법문이기도 하다. 대승경전에서는 더 나아가 우리에게 큰 보시와 큰 버림[大施大捨], 견디기 어려운 것을 능히 견딜 것[難忍能忍], 행하기 어려운 것을 능히 행할 것[難行能行]을 권하고, 중생을 구제하기 위하여 자신의 모든 것을 희생할 수 있고, 세세생생 중생을 구제하기 위해 자신의 모든 것을 희생할 것을 발원하며, 나아가 "삼천대천세계의 어디 한 군데도 보살이 목숨을 버리지 않은 곳이 없음" 만큼 할 것을 권장한다. 이런 보살행이라면 큰 고행이 아니라고 어찌 말할 수 있겠는가?

그래서 무릇 바른 믿음의 불교도는 몸과 마음을 제어하고 각고의 노력으로 매진하며, 남들을 후하게 대하고 자신은 검박하게 살아야 한다. 물욕을 줄이고 살아야 정신적 영역을 제고할 수 있으니, 수행을 열심히 하는 한편 자신이 하는 일에 힘써서 대중의 공익에 공헌해야 한다. 대원심大願心을 발하여 전체 인류를 위해서 일하고, 일체중생의 불청지우不請之友5)가 되며, 남들을 구제하기 위해 자신을 희생할 수 있어야 한다. 이것이 바로 불교적 고행이다. 만일 어떤 사람이 불로 요리한 음식을 먹지 않거나 비인간적 삶을 살면서 특이한 기행奇行을 한다면, 그것은 불교적 고행이 아니라 외도적外道的 고행이다.

---

5) T. 청하지 않아도 친구가 되어 주는 사람. 『불설무량수경佛說無量壽經』 卷上에서 부처님은 "중생들을 위해 청하지 않은 친구가 되어 주고, 뭇 생명을 위해 무거운 짐을 져 준다(爲衆生類作不請之友, 荷負群生爲之重任)"고 하였다. T12n0360_001_p0266b18~19.

40. 육근청정六根淸淨이란 무엇을 말하는가?

불법을 모르는 일반 사람들은 '육근청정六根淸淨'이라는 말을 피상적으로 이해하거나 심지어 우습게 여긴다. 그들은 출가한 스님들은 모두 육근이 청정할 것으로 생각한다. 만일 스님들이 조금이라도 이성이나 재물을 추구하는 습기를 보이면, 좋은 면은 숨기고 나쁜 면을 들추기 좋아하는 신문기자들이 신문지상에 그들의 "육근이 깨끗하지 않다"고 부풀려 보도한다! 그들은 무엇을 '육근'이라고 하는지, 무엇을 '육근청정'이라고 하는지에 대해서는 알려고 하지도 않는다.

사실 '육근청정'이라는 어구에는 큰 이치가 들어 있다.

'육근'은 생리학의 전 범위를 가리킨다. 불교도는 우주와 삶을 유물론자나 유심론자 혹은 유신론자의 관점에서 보지 않고, 인연의 화합을 주장하는 연생론자緣生論者의 관점에서 본다. 그래서 불교에서는 인간을 심리·생리·물리의 세 가지 측면에서 분석한다. 위에서 말한 육근六根은 생리학에 속하고, 여기에 육진六塵의 물리학과 육식六識의 심리학이 더해지면 한 인간이 구성된다. 육근·육진·육식이 형성되면 18계界라고 한다. 18계의 세 구성부분은 정鼎(고대 중국의 세발솥)의 세 다리와 같이, 하나가 부족하면 다른 두 가지도 제대로 기능할 수 없다. 왜냐하면 육진과 육식은 육근의 매개에 의지해서만 작용하고, 육진과 육근은 육식의 판별에 의지해야만 가치가 있으며, 육근과 육식은 그것이 반사될 육진이 있어야만 효용이 있기 때문이다.

비유하자면 육근은 거울이고, 육진은 거울에 비치는 이미지이며, 육식은 거울 속에 비치는 이미지를 판별하는 사람이다.

육근·육진·육식이란 무엇인가? 그것은 간단하다.

심리적인 것과 물리적인 것을 매개하는 기능을 하는 안眼·이耳·비鼻·설舌·신身·의意(눈·귀·코·혀·몸·지성)를 '육근六根'이라고 한다. 이 여섯 가지는 생리적 신경 기능이기도 하다. 눈에는 시신경視神經, 귀에는 청신경聽神經, 코에는 후신경嗅神經, 혀에는 미신경味神經이 있고, 몸에는 촉각신경, 지성에는 뇌신경이 있다. 이것들이 마음과 사물을 매개하는 근본이므로 '육근'이라고 한다.

육근이 접촉하는 대상들을 '육진六塵'(색성향미촉법)이라고 하는데, 이는 물리학에서 말하는 각종 물질이다. 안근眼根이 보는 것은 색깔과 형상[色]이고, 이근耳根이 듣는 것은 소리[聲], 비근鼻根이 맡는 것은 냄새[香], 설근舌根이 맛보는 것은 맛[味]이며, 신근身根이 접촉하는 것은 거침, 미세함, 차가움, 더움, 습함, 미끄러움 등이다. 의근意根이 생각하는 대상은 '법法'이라고 하는데, 이것은 굉장히 미세하고 아주 먼 것, 포착할 수 없는 것(안이비설신으로는 지각되지 않는 대상)을 가리킨다.

육근이 육진과 접촉하여 생겨나는 판별력과 기억력을 '육식六識'(안이비설신의의 각 식)이라고 한다. 만약 육식이 없고 육근과 육진만 있다면, 그것은 산 사람이 아니라 시신일 것이다. 그래서 육식은 육근의 조종자이고, 육근은 육식이 육진과 접촉하기 위해 사용하는 도구이다.

그렇다면 우리는 왜 '육근청정'을 이야기하는가?

육근이 육식六識의 도구이기 때문에, 선악의 행위는 물론 육식에서 나오지만, 그 선악의 행위가 실제로 이루어지는 것은 육근의 작용을 통해서이기 때문이다. 사람들이 생사윤회의 고해苦海 속을 흘러 다니는 까닭은 육근이 한 번도 청정한 적이 없었기 때문이다. 그들이 시작 없는 옛적부터 지은 일체의 죄업 행위는 모두 육근이 행한 것이다. 예를 들면 안근眼根은 형상[色]을 탐하고, 이근耳根은 소리를, 비근鼻根은 향기를, 설근舌根은 맛을 탐한다. 신근身根은 부드럽고 매끈한 것을 탐하고, 의근意根은 즐거운 경계를 탐한다. 탐냄이 있을 때는 반드시 성냄도 있는데, 탐냄과 성냄은 무명 번뇌에서 온다. 이 '탐진치貪瞋癡' 삼독三毒이 한데 모이면 악을 많이 짓고 선은 적게 짓게 되어, 영영 생사고해를 벗어날 날이 없다.

해탈도를 닦는 공부는 계戒·정定·혜慧 삼학三學을 벗어나지 않는다. 그러나 혜慧의 주된 근원은 계戒와 정定이다. 그래서 수행에 입문하는 공부는 몸과 마음 양면에서 착수해야 한다. 수신修身과 수심修心이 그것이다. 좋지 않은 생각들을 바로잡는 것을 수심修心이라 하고, 수심의 주된 공부는 선정禪定이다. 좋지 않은 행위들을 바로잡는 것을 수신修身이라고 하며—그래서 수신도 수행修行이라고 부를 수 있다—수신의 주된 공부는 지계持戒이다. 지계의 목적은 근문根門을 수호하는 것이다. 즉, 육근이라는 대문을 잘 지켜서 나쁜 일들이 6가지 감각의 문을 통해 우리의 마음밭心田에 들어와 생사윤회의 씨앗을 뿌리지 못하게 하려는 것이다.

왜냐하면 범부는 선정의 상태에 들어갔을 때 외에는 망상妄想이 없을 수 없고, 망상은 육근이 업業을 짓게 부추기는 도화선인데, 불교의 계율은 망상과 육근 사이에서 퓨즈나 소화기 역할을 하기 때문이다. 계율의 보호 하에서만 육근이 점차 청정해질 수 있다. 육근이 청정한 상태가 되고 나면 범부를 뛰어넘는 성인의 경지에 가까워진다.

그래서 범부인 대다수 스님들은 계율의 보호 하에 육근을 열심히 지킬 수 있을 뿐이지만, 그것은 청정이라고 말할 수도 없는 것이다. 많은 사람들은 스님들이 음행을 범하지 않고, 분수에 맞지 않는 재물을 탐하지 않고, 내가 옳으니 네가 옳으니 시비하지 않으면 육근이 청정한 것이라고 생각한다. 그러나 사실 물질적인 대상을 탐하고 추구하는 것은 모두 육근이 부정不淨한 것이다. 시각적 대상이든, 소리든, 냄새든, 음식이든, 의복이든, 오락이든, 사용하는 물건이든 관계 없이, 그것을 탐하거나 취하는 마음을 버리지 않는 한 육근이 부정하다. 그러나 이성과 재물 등을 제외한 나머지 것들에 대한 집착은 알아차리기가 쉽지 않고, 청정과 부정에 대해 세심히 주의하는 사람들도 적다.

천태종 원교의 판단에 따르면 육근청정위는 보살의 52계위 중 최초 10단계인 십신위十信位에서 성취된다.[1] 이때 견혹見惑과 사혹思惑의 두 가지 번뇌를 끊게 되는데—이 번뇌들은 유식종唯識宗의 분별번뇌장分別煩惱障과 분별소지장分別所知障이라는 두 가지 장애에 상응한다—이는 당연히 보통의 범부[外凡]에서 현위賢位의 범부[內凡] 단계로 진입했을 때이다.

---

1) *T.* 109쪽의 표 참조.

또 『법화경』과 『열반경』에서는, 육근청정을 얻으면 육근을 호용互用(서로 바꾸어 쓰기)할 수 있다고 말한다. 소위 '육근호용六根互用'이란 육근 중 어느 하나로 다른 다섯 가지 근의 기능을 할 수 있다는 것이다. 눈으로 형상을 보고, 소리를 듣고, 향기를 맡고, 맛을 느낄 수 있으며, 귀로 소리를 듣고, 형상을 보고, 향기를 맡고, 맛을 느낄 수도 있다. 비근鼻根(코)·설근舌根(혀)·신근身根(몸)·의근意根도 마찬가지다.

육근이 청정하면 그것을 호용할 수 있다는 것은 일반 독자들이 보기에는 불가사의한 신화라고 말할 수밖에 없을 것이다. 사실 우리가 육근을 호용하지 못하는 것은 우리가 육근의 기능을 제한하고 있기 때문이다. 다시 말해서, 우리는 육진에 집착하여 그것을 취하기 위해 육근을 사용하는데, 육진이 육근을 막고 육근을 장애한다는 것이다. 그래서 육근은 육진의 노예가 되어 습관적으로 육진이 하자는 대로 따르게 된다. 색진色塵이 오면 안근眼根이 반응하고, 성진聲塵이 오면 이근耳根이 반응하며, 향진香塵이 오면 비근鼻根이 반응한다. 설근舌根·신근身根·의근意根도 마찬가지다.

만일 육근이 육진을 붙들지 않아서 육진의 지배와 유혹을 받지 않는다면, 육근이 육진 속에서도 그것들로부터 벗어날 것이다. 벗어난 육근은 자유로운 육근이며, 자유로운 육근은 자연히 서로 호용하면서 한계를 구분하지 않을 것이다. 이렇게 자유로운 육근이 곧 청정한 육근이다. 왜냐하면 자유로운 육근들은 여전히 육진과 상호작용하기는 해도 육진에 끌려서 생사로 이어지는 오염된 업을 짓지 않기 때문이다. 그래서 '육근청정'이라고 하는 것이다.

분명하게 말하지만, 소위 육근청정이란 육근이 없어진 것이 아니라 우리의 생리적 기능들이 더 이상 바깥 경계의 환적인 현상들에 끄달리지 않는다는 것이다. 이것을 '티끌만큼도 물들지 않음[一塵不染]'이라고 한다. 그러나 느슨한 공부로는 이 상태에 결코 도달할 수 없다.

독자들이 기억하기 좋도록 육근·육진·육식을 다시 정리해 본다.

1. 안眼·이耳·비鼻·설舌·신身·의意 — 육근
2. 색色·성聲·향香·미味·촉觸·법法 — 육진
3. 안식眼識·이식耳識·비식鼻識·설식舌識·신식身識·의식意識 — 육식

육식이 육근을 발동시켜 육진과 접촉하고, 육진이 육근 속으로 반사되어 들어가면 육식이 판별하고 기억 속에 보존한다. 그런 다음 이 기억들이 육식에서 나와 육근을 발동시켜 육진을 탐하고 취하게 만든다. 이와 같이 서로 돌고 돌면서 나고 죽음의 흐름을 만드는데, 육근이 청정하면 이렇게 나고 죽는 삶의 흐름을 단절하고 초월하게 된다.

41. 사대개공四大皆空이란 무엇을 말하는가?

'사대개공四大皆空'은 어떤 '네 가지 큰 것'을 비웠다는 것인가?

불법을 이해하지 못하는 사람들은 불쑥 이렇게 말할 것이다. "술과 여색과 재물과 성질을 비웠다는 거지!"

사실 그런 답과 불교에서 말하는 '사대개공'은 아예 동떨어진 것이다. 왜냐하면 불교에서 이야기하는 '사대'란 '지수화풍'이라는 네 가지 큰 물질적 원소를 가리키기 때문이다.

'사대'라는 관념은 불교에서 만들어낸 것이 아니다. 이것은 인류가 일찍이 우주의 근본 구성요소를 탐색한 끝에 얻은 결론으로, 동서양의 철학사에서 거의 비슷한 추세를 보여준다. 예컨대 중국의 『서경』에는 '수水·화火·금金·목木·토土'의 오행五行이 기록되어 있고, 고대 인도의 『베다』에서는 세계가 지地·수水·화火·풍風·공空의 5가지 자연 요소를 토대로 구성된다고 하며, 고대 그리스의 철학자 엠페도클레스(기원전 495경~435경)는 '공기·물·흙·불'이 우주 안의 불변하는 4대 원소라고 주장했다.

요컨대 오행이든 오대五大든 사대四大든, 모두 물리적 세계의 기본원소를 가리킨다. 만일 세계관이 이런 것들에만 국한된다면, 우리는 결과적으로 유물론자가 될 것이다. 그래서 이런 사상들은 유물론唯物論의 선구가 되었다.

불교에서 이야기하는 '사대개공'은 인도 고유의 사상을 가져와서 쓰되 그것을 더 심오하고 불교적인 것으로 만든 것이다. 왜냐하면 지수화풍의 4대 원소는 우주물리적인 것이기 때문이다. 예컨대 산악과 대지는 지대地大에 속하고, 해양과 하천은 수대水大에 속하며, 햇빛과 열은 화대火大에 속하고, 공간과 공기 흐름은 풍대風大에 속한다. 이 원소들로써 인체의 생리적 현상을 설명한다면, 모발과 뼈와 살은 지대地大에 속하고, 피와 분비물은 수대水大에 속하며, 체온은 화대火大에 속하고, 호흡은 풍대風大에 속한다. 사대四大의 물리적 속성으로 말하면, 단단한 것은 지대地大에 속하고, 습한 것은 수대水大에 속하며, 따뜻한 것은 화대火大에 속하고, 움직이는 것은 풍대風大에 속한다. 그러나 사대를 어떻게 분석하든, 그것은 결국 물질계에 속하지 정신계를 포괄하지는 못한다. 그래서 유물론자는 사대四大를 우주의 근원으로 삼지만, 불교는 그런 주장에 결코 동의하지 않는다.

불교에서 이야기하는 사대四大는 소승과 대승의 개념이 다르다. 대체로 말해서, 소승불교에서 말하는 사대는 물질현상의 기본 요소이며, 그것을 '사대종四大種'이라고도 한다. 그 의미는, 지수화풍地水火風이 모든 물질 현상을 형성하는 종자라는 것이다. 즉, 모든 물질적 현상들은 사대四大의 조화로운 배분의 결과이다. 사대가 조화를 이루면 사물들이 번영할 것이고, 사대가 충돌하면 파괴가 일어날 것이다. 물리적 현상들도 그러하고 생리적 현상들도 그러하다. 그래서 불교도는 사람에게 병이 나면 "사대가 편치 않다[四大違和]"고 말한다. 소승불교는 사대종의 목적이, 사람으로 하여금 사대가 일시적으로 모여 이루어진 우리의 이 색신色身이 공함을 보게 하기 위한 것이라고 본다. 색신을 실재하는 '나'로 여기지 않으면, 색신을 '나'라고 집착하는 데서 오는 온갖 생사의 업을 짓지 않게 된다. 일단 '나'가 공함을 깨달으면 소승불교의 열반에 들게 되고, 다시는 생사윤회를 받지 않는다는 것이다.

대승불교에서 말하는 사대四大는 근본원소가 아니라 물질적 현상을 가리킨다. 즉, 그것은 일시적이어서 실재가 아니고, 환幻이어서 실재가 아닌 것이다. 사물현상의 형성 면에서 말하자면, 사대는 증상연增上緣[1]일 뿐 근본법根本法은 아니다. 대승불교에서는 사대가 사물현상의 종자라는 것은 인정하지만, 그것을 사물현상들의 참된 면모라고 보지는 않는다. 소승불교에서는 '아공我空'을 깨달을 뿐 '법공法空'을 깨닫지는 못한다. 그래서 사물현상이 공함은 보지만 여전히 사대四大가 극미한 형태로 존재한다고―'법'이 실재한다고―본다. 그러나 소승불교는 유물론이 아니라 다원론이다. 불교의 공空은 사대의 공을 깨닫는 것일 뿐만 아니라 오온五蘊의 공을 깨닫는 것이기 때문이다. 사대는 오온의 하나일 뿐이다.

그러면 무엇을 오온五蘊이라고 하는가? 그것은 곧 색色·수受·상想·행行·식識이다. 색色(육신)은 물질계에 속하고, 나머지 네 가지는 정신계에 속한다. 사대는 곧 색온色蘊이다.

오온五蘊의 상세한 내용은 본 장에서 소개할 수 없다. 오온은 큰 주제이기 때문이다. 우리는 여기서 이 말을 할 수 있을 뿐이다. 즉, 오

---

1) T. 사물의 생성·변화에 기여하는 간접적·보조적 조건들.

온은 삼계三界 내의 생사법이고, 오온이 공함을('나'가 아님을) 깨달아야만 삼계의 생사 밖으로 벗어날 수 있다는 것이다. 이와 함께, 우리는 불교가 사대만 공하다고만 이야기하지 않고 한 걸음 더 나아가 오온도 모두 공하다고 이야기한다는 점도 유념해야 한다. 특히 불교에서는 (색온의) 사대보다는 식온識蘊에 중점을 둔다는 것도 중요하다. 나아가 수受·상想·행行의 세 온蘊도 식온을 곁에서 보조하는 기능을 하며, 정신계의 광대한 작용을 보여주는 역할을 한다. 그래서 불교도들은 유물론자가 아니라 연생론자緣生論者이다.

42. 불교도들은 부모에게 불효한가?

확실히 우리나라의 일부 인사들은 불교를 이와 같이 비판하기 좋아한다. 왜냐하면 그들이 볼 때 불교의 스님들은 속인들처럼 소위 '사람들 간의 정情을 돈독하게 할[敦倫]'1) 수 없고, 그들의 편협한 가족 관념과 가문 사상에서 볼 때는 출가가 크게 불효한 행위이기 때문이다. "불효에 세 가지가 있는데, 후손 없는 것이 가장 큰 불효다(不孝有三, 無後爲大)"2)라는 것이 유가의 주된 사상은 아니지만, 현대에 와서까지도 일부 유학자들은 불교가 불효한 종교라고 비판하고 있다.

사실 불교에는 부모에게 효순孝順하라는 가르침이 대·소승 경經과 율律 속에 일일이 들 수 없을 만큼 많이 있다. 불경을 몇 부만 읽어보면 불교는 효도에 반대하지 않을 뿐만 아니라 효를 극도로 숭상한다는 것을 알게 될 것이다. 예를 들어 부처님은 『대승본생심지관경大乘本生心地觀經』에서 설하기를, "아버지에게는 자애로움의 은덕[慈恩], 어머니에게는 자비로움의 은덕[悲恩]이 있다. 어머니의 자비로움의 은덕은, 내가 한 겁 동안 세간에 머무르며 설한다 해도 다 설할 수 없다"고 하셨다.3) 그래서 "한 겁이 지나도록 매일 세 때(아침·낮·저녁)에 자신의

---
1) T. '敦倫'이라는 단어는 '부부생활을 하다'라는 뜻도 있다. 일종의 중의법일 수 있다.
2) 『孟子』 제14장.
3) 『大乘本生心地觀經』 卷第二, T03n0159_002_p0297a14~16.

살을 잘라 부모에게 봉양한다 해도 하루의 은혜도 갚지 못한다"고 했고,[4] 또 설하기를 "그러니 그대들은 더욱 부지런히 부모를 효성스럽게 봉양해야 하며, 그 복은 부처에게 공양하는 복과 다르지 않을 것이다. 마땅히 이와 같이 부모의 은혜에 보답해야 한다"[5]고 했다. 『증일아함경』 권11에서는 부모에 대한 공양이 일생보처一生補處의 대보살大菩薩에 대한 공양에 비견된다.[6] 『오분율五分律』 권20에도 이러한 고사가 나온다. 필릉가바차畢陵伽婆蹉라는 부처님의 한 아라한 제자는 가난한 부모에게 의식衣食을 공양하고 싶었지만 감히 그러지 못했다. 그래서 부처님께 여쭈었다. 부처님은 비구 제자들을 다 모이게 하고 이렇게 말씀하셨다. "어떤 사람이 백 년 동안 아버지를 오른쪽 어깨 위에 올리고 어머니를 왼쪽 어깨 위에 올려서 그들이 그 위에서 대소변을 본다고 해도, 또 세상에 없는 진기한 옷과 음식으로 그들을 봉양한다 해도, 부모의 잠깐 동안의 은혜도 갚을 수 없다. 지금부터 모든 비구들은 마음을 다하고 목숨을 다해 부모를 봉양하라. 만일 봉양하지 않으면 중죄이다."[7] 『증일아함경』 권11에도 비슷한 가르침이 있다. 또 『중아함경』의 「비바릉기경鞞婆陵耆經」에는 이런 이야기가 있다. 가섭불迦葉佛[8] 당시에 난제바라難提波羅라는 가난한 장인[工人]이 부처님의 가르침을 받고 완전히 출가인의 생활방식을 실천했다. 그러나 두 눈이

---

4) 『大乘本生心地觀經』 卷第二, T03n0159_002_p0297b14~15.
5) 위의 경, T03n0159_002_p0297c06~08.
6) T. 『增壹阿含經』 卷第十一 善知識品第二十(一〇), T02n0125_011_p0601a01~08. '일생보처'의 대보살이란 성불하기 직전 생의 대보살을 말한다.
7) 『五分律』 卷第二十, T22n1421_020_p0140c14~20.
8) T. '과거 7불' 중 6번째 부처이자 현겁의 3번째 부처. 석가모니불 바로 앞의 부처였다.

모두 먼 자신의 늙은 부모를 봉양하기 위해 도기陶器를 만들면서 생계를 유지하고 출가는 하지 않았다.9)

사실 불교를 신행하기 위해 출가하여 욕망을 떠난 생활을 하는 것이 고귀하기는 하지만, 출가가 강제되지는 않는다. 계율 가운데는 심지어 부모가 허락하지 않으면 출가할 수 없다는 명문 규정도 있다. 만일 부모가 가난하여 봉양할 사람이 없을 때는 출가한 자녀가 마음을 다해 봉양해야 하며, 그러지 않으면 중죄가 된다. 『근본니다나根本尼陀那』권4에서도 "만약 출가했다면, 부모가 있는 곳에서 봉양해야 한다"고 말한다.10) 그러니 어떻게 불교가 효도에 반한다고 말할 수 있겠는가? 물론 사상이 편협하고 유치한 사람들이라면, 우리가 결혼을 해서 자식을 길러야 효도라고 말하겠지만, 그렇다면 더 말할 것도 없다. 오늘날 일반 속인들은 자기 자녀들을 양육하는 것 외에는 자신의 부모를 효성스럽게 봉양할 겨를이 없다. 이것도 어쩌면 "후손 없는 것이 가장 큰 불효"라고 그릇되게 믿는 결과인지 모른다!

실은 "후손 없는 것이 가장 큰 불효"라고 믿는 사람들은 불교에서 이야기하는 효도의 관념을 이해할 수 없다. 불교에서는 인간이 생사에 윤회한다고 믿으므로, 이번 생에만 부모가 있는 것이 아니라 과거와 미래의 무수한 생에도 헤아릴 수 없이 많은 부모가 있었고, 있게 될 것임을 믿는다. 그래서 이번 생의 부모에게 공양해야 할 뿐 아니라, 과거와 미래의 부모들도 구제해야 한다. 보살의 눈으로 볼 때는, "모

---

9) 『中阿含經』卷第十二 中阿含王相應品鞞婆陵耆經. T01n0026_012_p0500b12~16.
10) 『根本說一切有部尼陀那目得迦』卷四. T24n1452_004_p0428c11~12.

든 남자가 나의 아버지이고, 모든 여자가 나의 어머니이며, 나는 다생에 그들에게서 몸을 받지 않음이 없었다."11) 그래서 보살도의 수행자들이 널리 중생을 제도하는 것은 부모에게 효도하고 그들을 공경하는 것과 동일하다. 물론 불교는 맹자에게 비판당한 묵자墨子의 방식과는 다르다. (묵자가 주장했듯이) '남들의 아버지를 자신의 아버지와 같이 보는 것'은 아버지가 없는 것과 같기 때문이다.12) 불교의 효도는 현생의 부모를 위주로 하고, 나아가 과거와 미래의 부모에게까지 미친다. 그래서 불교도가 널리 중생을 제도한다는 것은 부모에 대한 은혜 갚기를 확장한 것이다. 이것을 "중생들에 대한 은혜 갚기(報衆生恩)"라고 하는데, 이는 자신의 부모에서 시작하여 다른 중생들에게까지 나아간 것이다. 그래서 불교도가 되면 먼저 부모를 효성스럽게 봉양해야 하고, 그런 다음 보시·방생放生·삼보에 대한 공양 등으로 다른 존재들을 도와야 한다.

세속의 관습으로는 사람이 자신의 생일을 맞으면 크게 잔치를 벌여 먹고 마시는데, 이를 '생일경축'이라고도 하고 '축수祝壽'(오래 살기를 빎)라고도 한다. 사실 이것은 올바른 사고방식이 아니다. 불교적 관념으로 말하자면, 자신의 생일이라는 것은 바로 어머니가 고통 받은 날이다. 그러니 어머니의 고통에 감사하는 마음을 더 가지고, 어머니가 자신을 키우고 가르친 은혜를 특별히 생각하며, 전보다 열 배, 백 배 더 부모에게 효도하겠다고 다짐해야지, 자기가 태어난 날이라고 마음껏 기뻐

---

11) 『梵網經』 卷下. T24n1484_002_p1006b09~11.
12) T. '겸애설兼愛說'을 주장한 묵자는 "남의 아버지를 자신의 아버지같이 보라(視人之父若己父)"고 주장했으나, 맹자가 그것을 비판했다.

하면서 경축할 일이 아니다. 만일 부모가 이미 세상을 떠났다면, 자신의 힘이 닿는 데까지 보시의 복을 닦고 삼보에 공양하여, 그 공덕을 부모의 혼령들에게 회향해야 한다. 그렇게 하면 자신도 복을 받고 장수하는 효과를 얻을 수 있다. 그러지 않고 성대한 잔치판을 벌여 도살된 닭·오리·돼지·양 등을 먹고 즐긴다면, 그것은 오래 살기를 비는 것이 아니라 복을 감하는 것이다!

43. 불교에는 남녀 차별이 있는가?

상좌부의 남전불교에서는 비구의 신분을 특별히 중시하므로, 보이지 않는 가운데 남자를 중시하고 여자를 경시하는 관념이 있다. 왜냐하면 부처님이 비구들에게 늘 여색은 두려워할 만한 것이라고 경계시켰기 때문이다. 여색은 마구니[魔]와 뱀에 비유되었다.

사실 부처님의 본뜻은 꼭 남자를 중시하고 여자를 경시한 것은 아닐 것이다. 왜냐하면 색욕은 남녀 쌍방이 다 가진 것이기 때문이다. 남자 수행자들이 여색을 멀리해야 한다면, 여자 수행자들도 이성으로서의 남자를 멀리해야 하지 않겠는가?

그래서 불법의 깨달음이라는 관점에서 말하자면, 남녀는 평등한 것이다. 여자는 자기 몸을 남자 몸으로 바꾸어야 부처가 될 수 있다는 것 외에는, 아라한이 되고 보살이 되는 것까지도 본질적으로 남녀의 차별이 없다.[1] 예를 들어 관음보살은 늘 여자의 몸을 나툰다. 그리고 여성의 기질이 자비의 보살정신에 더 가까워서, 부처님께서도 늘 "자비심을 여자로 삼으라(慈悲心爲女)"[2]고 말씀하셨다. 여자들은 강하고

---

1) T. 『증일아함경』 卷第三十八(T02n0125_038_p0757c24~28)에서, 여인의 몸으로는 전륜성왕이 될 수 없고, 제석천, 범천왕, 마왕이 될 수 없고, 여래가 될 수 없다고 말한다.
2) T. 인용문은 『維摩經』 佛道品에 나오는 유마힐의 게송 구절인데(T14n0475_002_0549c04), 번역자 구마라집과 그의 번역을 도운 승조僧肇 스님 등은 자비심의 부드러운 성질이 여성과 같다고 풀이했다(『註維摩詰經』 卷第七, T38n1775_007_p0393b07~10).

용맹한 힘은 부족하다. 그래서 불경에서, 여자는 천하를 통치하는 전륜성왕轉輪聖王이 될 수 없다고 하는 것이다.

44. 불교는 가족제도에 반대하는가?

아니다. 불교는 결코 누구의 생활방식도 바꾸라고 강요하지 않는다. 출가는 불교적 생활방식의 하나일 뿐이며, 가정이 불교를 건립하는 근본 토대이다. 만일 불교가 가족제도에 반대한다면 스님들은 살아갈 수가 없다.

오히려 불교는 여법如法하게 가정생활을 꾸려가도록 적극 권장한다. 예를 들어 『선생경善生經』[1]은 가정생활을 지도하는 경전으로, 재가인은 올바른 윤리생활을 해 나가야 한다고 가르친다. 자녀들은 부모의 은혜에 보답하고 효순孝順해야 하며, 부모는 자녀들을 양육하고, 교육시키고, 결혼시켜 주어야 한다. 제자는 스승에게 공양하고 그들을 공경해야 하며, 스승은 마음을 다해 제자를 가르치고 이끌어 주는 한편, 그들을 위해 좋은 스승과 친구들을 선택해 주어야 한다. 아내는 남편을 공경하고 사랑하며 받들고, 성실하게 가정사를 처리해야 한다. 남편은 아내에게 의복과 음식을 마련해 주고, 사랑과 애정으로 대해야 한다. 주인은 하인에게 음식을 주고 배려해야 하며, 하인은 주인에게 복종하고 자신의 직무를 다해야 한다. 친척과 이웃사람들은 서로 존경하고 사랑하며, 서로 돕고, 서로 진심으로 대하고, 서로 좋은 말로 권

---

1) T. 『중아함경』 卷三十三 大品善生經. T01n0026_033_p0638c06 이하.

고하고 격려해야 한다. 재가인은 출가인을 공경하고 자리를 마련해 주며, 그들에게 보시하고 공양해야 한다. 출가인은 재가인들이 선善을 믿고 선善을 배우도록 가르쳐야 한다.2)

영락관방에서 경전을 공부하는 성엄 스님

---

2) 이상은 경문經文의 대요大要를 뽑은 것이다. 그 밖에 『학불지진學佛知津』에 수록된 「어떻게 재가자로 살 것인가?(怎樣做一個居士)」를 참고해도 될 것이다

45. 불교도가 이교도와 결혼할 수 있는가?

'이교異敎(heathenism)'란 원래 유태인들과 기독교인들이 이민족들에게 붙인 경멸적 명칭이다. 여기서 우리는 '외도外道' 대신 이 용어를 쓰지만, 경멸적 의미는 없다.

불교는 강한 민족적·부족적 색채를 지닌 종교들과는 달리, 다른 종족이나 종교에 대해 차별하지 않는다. 종교적 신앙과 가정생활은 밀접한 관계가 있고, 결혼은 가정을 구성하는 기초이다. 그러나 불교도는 먼저 결혼 상대방의 종교적 신앙을 불교로 개종시킨 뒤에 결혼해야 하는 것이 아니다. 다만 바른 믿음이 있고 교양 있는 불교도라면 결혼한 뒤 부부로 살면서 상대방으로 하여금 개종하여 불교를 믿게 할 수 있을 것이다.

이것은 불경에 근거가 있는 것이다. 일찍이 한 불교도의 누이동생이 나체외도裸體外道의 신도인 실리급다室利笈多에게 시집을 갔다. 그 나체외도의 신도는 처음에는 극렬히 불교에 반대했고, 심지어 부처님에게 해를 끼치려고 하기까지 했다. 그러나 결국 그는 나체외도를 배척하고 불교에 귀의했다.[1] 또 수마제須摩提라는 부처님의 여신도도 외

---

1) 『근본설일체유부목득가根本說一切有部目得伽』 卷第七~卷第八(T24n1452_007_p0442c25~T24n1452_008_p0445b29).

도의 신도에게 시집갔는데, 그 신도인 남편을 감화시켰다.[2]

그래서 바른 믿음의 불교도는 사섭법四攝法[3]의 '동사同事'의 원리에 따라, 자신의 배우자가 될 상대에게 기존의 종교를 버리라고 요구하지 않을 뿐 아니라, 오히려 먼저 그의 종교적 신앙에 맞추어 줄 것이다. 그러나 결혼한 뒤에는 드러나지 않게 묵연히 교화[黙化]하여, 점차 그의 종교적 신앙을 변화시키게 될 것이다. 이것은 먼저 자신을 상대에게 맞춰주다가 나중에는 상대가 자신에게 맞춰오도록 하는 것이다.

물론 결혼은 한평생의 중요한 일이고, 가정 행복의 토대이다. 초심 불교도는 결혼을 포교의 수단으로 이용하려 하다가 불행한 결과를 초래할 필요가 없다. 그래서 결혼의 주된 조건은 종교적 신앙이 아니라 서로간의 애정과 의기투합이어야 한다.

따라서 만약 상대방을 감화시킬 자신이 없다면, 같은 신앙을 가진 배우자를 선택하여 여법하게 불자 가정을 이루는 것이 더 낫다. 만일 종교가 달라서 결혼생활이 비극에 이르고 만다면 불행한 일이다.

불교 가정을 이루는 것이 불교도의 책임이기는 하나, 만일 배우자의 신앙이 다르고 그가 그것을 고수하여 단기간에 그의 신앙을 바꾸어 놓을 수 없다면, 서로 각자의 종교를 존중하는 종교적 관용이 필요하다. 바른 신앙이 미신보다 나은 것은 두말할 필요가 없고, 신앙이 있는 것은 없는 것보다 낫다. 이런 상황에서는 신앙과 결혼을 분리해야 한다. 신앙은 신앙, 부부는 부부이고, 교회(절)는 교회(절), 가

---

[2] 『증일아함경』 卷二十二 須陀品之三, T02n0125_022_p0660a01~p0665b10.
[3] T. 보살도를 닦는 수행자가 남을 교화하는 네 가지 방법인 보시, 애어愛語, 이행利行, 동사同事이다. '동사'는 상대방의 뜻에 맞춰주며 점진적으로 교화하는 것이다.

정은 가정이다. 왜냐하면 불교는 원래 가족에 기반한 종교가 아니고 자유로운 종교이기 때문이다. 부처님은 사람들이 외도를 신앙하는 것을 막지 않았고, 그들이 외도에게 공양하는 것을 반대하지 않았다. 한 제자에게는 이렇게 말씀하시기도 했다. "그대는 힘닿는 데까지 그들에게 공양해야 한다."4)

---

4) 『중아함경』卷三十二 第133經, T01n0026_032_p0630b09.

46. 불교도들은 불교식 혼례를 올려야 하는가?

불교식 혼례에 대해서는 불교의 삼장三藏 전적典籍에서 명확한 근거를 찾을 수 없다. 그래서 불교는 불교식 혼례의 중요성을 강조하지 않으며, 어떤 공개적인 결혼도 불교에서 인정해 줄 것이다. 불교는 사통私通을 엄금한다. 사통은 불교에서 사음邪淫으로 불리며, 범죄적 행위이다.

불교식 혼례로 말하면, 불자 가정의 건설을 위해서는 그것도 필요하다. 불교식 혼례를 올리는 것은 최소한 남녀 쌍방이 삼보三寶의 제자임을 증명하는 것이고, 결혼한 이후 그들이 꾸리는 가정은 필시 불자 가정이 될 것이다. 소위 '불자 가정[佛化家庭]'이란 삼보를 신봉하고 불법을 실천하는 가정이다. 최소한 그것은 오계를 지키고 십선을 닦는 가정이며, 화목하고 자애로운 가정이다.

그래서 바른 믿음의 불교도는 불교식 혼례를 올려야 하고, 친구들에게도 불교식 혼례를 권장해야 한다.

불교식 혼례가 불전佛典에 명확한 근거가 없기 때문에, 혼례 절차는 지금까지도 통일된 법식이 정해지지 않았다. 그러나 주된 절차에는 삼보에의 귀의와, 서로 존경하고 사랑하겠다는 선서, 삼보의 빛 아래서 부부가 된다는 선언, 애정으로 서로 돕고 도정道情(도반으로서의 정)으로 서로 격려하겠다는 약속이 들어가야 한다.

　비구계比丘戒의 규정에 따르면 출가인은 혼인의 중매인이 될 수 없다. 그러나 출가인이 혼인의 증인(주례법사)이 될 수 없다는 말은 없고, 그럴 수 있다는 말도 없다. 해탈도(상좌부 불교)의 관점에서 본다면 출가인은 혼인의 증인이 되지 않는 것이 좋을 것이다. 보살도의 관점에서 본다면, 출가보살이 혼인의 증인이 되는 것도 불자 사회의 건설을 위한 교화의 방편이라고 볼 수 있다.

47. 불교도는 이혼할 수 있는가?

이혼의 문제도 불전에서 명확한 근거를 찾기가 쉽지 않다. 그러나 불교는 결혼을 끝까지 마무리하면서 결혼의 책임을 다할 것을 주장한다. 이왕 부부로 맺어졌으니, 결혼한 뒤에는 서로 아끼고 사랑하며, 서로 존경하고, 각자의 본분과 책임을 다해야 한다는 것이다. 불교는 사음邪淫(사통私通)을 엄금하는데, 결혼이 깨지는 것은 부부간에 서로 정절을 지키지 못해서인 경우가 많다. 만약 부부가 불사음不邪淫의 계戒를 지킬 수 있다면, 결혼은 잘 깨지지 않는다. 설사 결혼이 깨진다 해도, 불교는 파경한 부부가 다시 합치는 것을 권한다. 그래서 부처님은 비구 제자들이 남의 결혼 문제에 개입하는 것을 불허했지만, "만약 남녀가 이미 관계를 맺었고, 나중에 이별했다가 다시 합친다면(若男女先已通而後離別還和合)" 돕는 것을 허락하셨다.[1] 왜냐하면 남녀의 이혼은 쌍방의 심리에 좋지 않은 영향을 주고, 특히 자녀의 양육에 대해 함께 도덕적 책임을 져야 하기 때문이다. 이런 점에 근거해 말한다면, 불교는 이혼에 반대한다고 할 수 있다.

그러나 불경에는 이혼이 범계犯戒 행위라는 말은 없다. 그래서 만일 서로 감정이 충돌하거나 서로의 관심사가 맞지 않을 때, 나아가 학대

---

1) 『사분율四分律』 卷三. T22n1428_003_p0584a10~11.

등 중요한 이유로 인해 견딜래야 견딜 수 없는 상황에서는 이혼할 수 있다. 그러나 정욕을 만족시키려는 이유로 이혼하는 것은 부도덕하고, 불교에서 허용하지 않는다. 따라서 그것은 죄악이다. 왜냐하면 부부가 헤어지면 가장 불운한 것은 그들의 무고한 자녀들이기 때문이다.

중국의 옛 관습에, 남자는 상처喪妻하면 아내를 다시 맞을 수 있고, 이것을 '속현續絃'(현을 이음)이라고 하여 도덕적인 것으로 여겼다. 그러나 여자가 남편을 잃으면 평생 과부로 수절해야 덕이 있다고 인정받았다. 이러한 정조 관념은 남존여비의 관습에서 나온 것이다. 고대 인도에서는 그렇지 않았다. 힌두교의 『가우따마법전(Gautama Dharmasūtra)』에서는 남편이 타지他地로 가서 6년 동안 소식이 없으면 여자가 다른 남자와 관계를 가질 수 있다고 했다.2) 불경에서는, 속인이 출가할 때는 먼저 처자를 포기하면서 처에게 자유를 주어야 한다고 말한다. 그래서 남편을 잃은 여자는 개가改嫁할 수 있는데, 그것은 불교에서도 허용하고, 도덕적으로도 문제가 없다.

---

2) T. Patrick Olivelle 역, *Dharmasutras: The law codes of ancient India*, 110쪽 참조.

48. 영아嬰兒도 불교에 귀의할 수 있는가?

불교는 기독교에서 말하는 '원죄'를 인정하지 않으며, 그래서 영아嬰兒들이 죄악의 성품을 타고났다고 생각하지 않는다. 만일 영아가 어떤 죄를 가지고 있다면, 그것은 그들이 과거생에 한 행위가 그들의 생명 주체인 제8식에 인상을 새겼기 때문이다. 그래서 영아는 단순히 태어났다는 이유로 인류의 '원죄'를 계승하지는 않는다.

영아인 기간 동안은 아직 자기 스스로 사물을 판단할 능력이 없다. 불교를 신앙하는 삼귀의 의식은 자신의 의지에서 나온 선서가 필수적이며, 그렇지 않으면 귀의했다고 볼 수 없다. 불교에서 어린이는 7세 이상이어야 출가할 수 있다. 이것에 준해서 말하면, 삼보에 귀의하는 의식도 7세 이상이 되고, 자기 스스로 판단할 능력이 있어야 거행할 수 있다고 하겠다.

그러나 불교는 공덕의 회향 작용을 깊이 믿는다. 그래서 불교도들은 영아가 태어나는 시기를 전후하여, 그리고 태어난 지 한 달이 되었을 때와 첫돌을 맞았을 때, 이를 경축하여 스님들에게 재齋 공양을 올리고, 보시를 하고, 염불·송경 등을 통해 공덕을 짓고, 그러면서 그 아이의 복과 수명과 지혜가 증장되기를 기도하는 것이 좋다.[1]

---

1) 『증일아함경』 卷二十五 五王品(二). T02n0125_025_p0683c14~22.

49. 불교는 산아제한에 반대하는가?

이것은 불교계에서 별로 논의되지 못한 문제이다. 불교의 기본 원리에 근거해서 말하면, 우리가 낙태로써 살생계殺生戒를 범하지 않는 한 산아제한에 반대할 필요는 없다. 그것이 자녀의 양육과 생활비 부담 때문이라면, 산아제한은 도덕적으로 문제가 없다.

불교에서는 낙태를 엄히 금지하기 때문에, 그것을 살인과 같은 죄로 본다. 낙태된 태아가 사람 형태를 갖추었든 갖추지 못했든 관계없이, 모든 낙태는 살인죄를 범한 것이다. 그래서 불교는 낙태를 산아제한의 수단으로 삼는 데 반대한다.

그래서 우리는 산아제한의 기술적 문제를 고찰해야 한다.

불교(대승불교)에서는 부모가 성교하고 있을 때 중음신中陰身(죽음과 환생 사이 단계의 영체靈體)이 어머니의 태胎(자궁) 속으로 들어간다고 믿는다. 그는 부모가 성교하는 모습을 보고 전도망상顚倒妄想을 일으키는데, 아버지에게 애정을 느끼면서 입태하면 여아가 되고, 어머니에게 애정을 느꼈으면 남아가 되며, 또 아버지의 사출된 정자와 어머니의 난자를 '나'로 여겨 집착한다고 한다. 그러나 '발생학'적으로 추론해 보면, 이러한 '나' 관념은 정자가 난자 속으로 들어가 수정되어야 생겨나지 부모가 성교하고 있을 때는 아닐 것이다. 오늘날의 인공수정도 그

런 해석과 부합하지 않는다. 따라서 그것은 상황에 따른 방편적 설명일 뿐이다.[1]

그렇다면, 산아제한을 원하는 사람은 정자가 난자 속으로 진입하기 전 단계에서 조치해야 한다. 그렇지 않으면 낙태의 살인죄를 짓게 된다. 성교하기 전에 먼저 피임약을 복용한다든가 음도陰道나 자궁 안에 피임약이나 피임기구를 넣어, 정자가 난자에 도달하지 못하게 하거나 정자와 난자가 힘을 잃게 해야 할 것이다. 이것은 도덕적이라고 할 수 있다. 그러나 그것이 수정된 난자를 죽이지 않는다는 확실한 자신이 있어야 한다. 그렇지 않고 안전을 보장할 방법이 없다면 아예 산아제한을 하지 않는 것이 최선이다. 만약 산아제한을 하고 싶다면 한 가지 방법밖에 없다. 그것은 불교가 가장 찬성하는 방법—즉, 성의 절제이다.

---

[1] T. 비슷한 설명은 스님의 다른 책 『선의 지혜』, '불교와 낙태' 장을 참조하라.

50. 불교도들에게도 국가 관념이 있는가?

불교는 은혜에 감사하는 종교이다. 부모·중생·나라·삼보三寶를 '사은四恩'이라고 한다.1) 부모를 효성스럽게 봉양하고, 중생을 널리 제도하고, 나라를 사랑하고 지키며, 삼보를 공경하는 것은 무엇을 얻고자 해서가 아니라 오로지 은혜를 갚는다는 동기에서 나오는 것이다. 그래서 바른 믿음의 불교도에 대해 그의 국가의식을 의심해서는 안 된다.

석가모니 부처님은 성도하신 뒤 늘 밖으로 다니며 사람들을 교화했고, 당신의 고국인 카필라바스투에 좀처럼 돌아가지 않았다. 그러나 당신의 만년에, 슈라바스티[舍衛國]의 청년 왕인 유리대왕琉璃大王이 자신이 소년 시절에 (카필라바스투에서) 모욕당한 것을 보복하기 위해 카필라바스투의 석가족을 멸망시키기로 맹세하고 대군을 동원했다. 이것을 아신 부처님은, 유리왕의 군대가 반드시 지나가야 하는 길목의 한 헐벗은 나무 밑에, 뜨거운 햇볕을 받으며 홀로 앉아 계셨다. 그것을 발견한 유리왕이 부처님께 왜 잎이 있는 나무의 그늘에 앉지 않으셨느냐고 여쭈었다. 부처님의 답변이 감동적이었다. "친족의 그늘이 남들의 그늘보다 훨씬 낫지."2)

---

1) *T.*『佛說本生心地觀經』卷第二 참조. 특히 T03n0159_002_p0297a12~13. '四恩'이란 은혜를 갚아야 할 네 가지 대상이라는 뜻이다.
2)『증일아함경』卷二十六, 等見品第三十四(二), T02n0125_026_p0691a05~06, 19~20.

이와 같이 유리왕은 세 번이나 군대를 진군시켰는데, 처음 두 번은 부처님이 그 마른 나무 밑에 앉아 계신 것을 보고 군대를 되돌렸다. 세 번째에는 부처님도 이것이 석가족의 공업共業이며, 그들의 정해진 업[定業]은 당신도 구제할 수 없다는 것을 아셨다. 그들에게 동정과 안타까움을 느꼈지만, 도와주고 싶어도 도와줄 수가 없었다. 그래서 유리왕이 세 번째로 진군해 갈 때, 부처님은 고국의 액운을 막아주려는 노력을 포기했다.

중국불교사에서 예를 들어 현장대사玄奘大師는 인도에 머무르는 동안 중국문화의 찬란함을 보여주었다. 그는 인도에서 많은 존경을 받았지만, 조국으로 돌아가야 한다는 것을 한시도 잊지 않았다. 법현대사法顯大師(337-422경)는 스리랑카에 있을 때 어떤 사람이 그에게 중국산의 흰 비단 부채를 공양 올렸다. 그는 이국에서 조국의 물건을 보자 감동하여 "두 눈 가득 눈물이 고였다." 그런 뜨거운 조국애의 감정은 실로 불교정신의 한 발로였다.

당나라 천보天寶 연간(742-756)에 안록산安祿山이 반란을 일으켰을 때, 국고의 재정이 부족했다. 그래서 신회대사가 나서서 승려들의 출가식을 통해 마련한 '향수전香水錢'으로 곽자의郭子儀 장군을 도와 군비軍費에 충당케 하였다. 결국 역사적으로 유명한 '안사安史의 난'은 평정되었다.3)

명나라를 개국한 주원장朱元璋(1328-1398)은 몽골인들의 통치를 뒤엎

---

3) T. 안록산의 반란 때 곽자의 장군의 진압군은 재원이 부족했다. 이에 형주 개원사에 있던 신회대사가 각지에 승려 출가식을 거행하게 하고 일종의 승세僧稅인 '香水錢'을 받아 모두 군비로 쓰게 했다.『宋高僧傳』卷第八, T50n2061_008_p0756c28~p0757a07.

고 한족의 정권을 세웠다. 그는 뛰어난 재능과 원대한 전략을 가진 민족영웅이었다. 그러나 뜻밖에도 그는 바른 믿음의 불교도였을 뿐만 아니라, 소년시절에는 출가도 한 사람이었다.

근대의 종앙법사宗仰法師라는 분은 중산中山 선생(쑨원, 1866-1925)의 친구였는데, 국민혁명(신해혁명)에도 많은 공헌을 했다.

물론 불교적 이상사회의 견지에서 말한다면, 불교는 절대 편협한 제국주의가 아니고 철저한 무정부주의 혹은 세계대동주의世界大同主義이며, 나아가 무한한 우주대동포주의宇宙大同胞主義이다. 왜냐하면 이상적인 불교도는 전 인류와 일체중생을 사랑하기 때문이다. 그렇지만 민족주의는 우주대동포주의에 도달하기 위한 하나의 토대가 된다. 그 수준에 도달하기 위해서는 먼저 자신의 나라와 민족을 사랑하는 것부터 시작해야 한다. 그렇지 않으면 그것이 뿌리를 내릴 수가 없다.

51. 불교도들이 군사·정치 활동을 할 수 있는가?

불교는 정치적 종교가 아니다. 그래서 불교도들은 정치적 욕망을 갖지 않을 것이다.

그러나 정치의 원리는 대중의 공적 업무를 처리하는 것이고, 불교도 대중의 일원이므로 당연히 정치를 떠나서 살아갈 수 없다.

정치는 정권政權과 치권治權으로 나뉘는데, 정권(정치적 권리들)은 국민에게 속하고 치권(통치권, 곧 행정·사법권)은 정부에 속한다. 불교도들도 최소한 선거권·소환권·발의권(법안 발의권이나 청원권)·국민투표권 등의 정치적 권리를 향유하므로, 이런 권리를 필히 행사해야 한다. 근대의 중국 고승 태허대사는 일찍이 불교도들은 "정치에 관심을 갖되 정치에 가담하지 말아야 한다(問政而不干治)"고 주장했는데, 이것은 중시할 가치가 있다.1) 승려의 본분은 수행과 교화이므로, 치권治權을 직접 장악하고 행사하는 일을 해서는 안 된다. 그러나 정치적 권리에는 관여해야 하고, 특히 자신의 직접적 이해에 관계되는 문제에서는 그래야 한다. 이런 원칙에 입각하여, 승려들은 각급 대의원(의회 의원) 선거의 투표와 입후보에 참가하여 불교도의 의견으로 국가 발전에 공헌할 수

---

1) *T. 太虛法師*, "僧伽與政治", 覺群週報 1946년 7월호. 태허대사에 따르면 출가인들은 입법이나 자문 기능을 하는 대의원으로 활동할 수는 있으나, 행정·사법권을 가진 선출직을 맡아서는 안 된다.

있어야 한다. 그렇지 않으면 불교도들의 권익이라고 해도 남들에게 무시당할 될 것이다. 예전에 석가세존께서도 늘 귀중한 조언으로 국왕과 대신들에게 도움을 주었다. 물론 하루속히 삼계三界를 벗어나고자 하는 출가인이라면 정치적 권리조차도 포기할 수 있겠지만, 유감스럽게도 앞으로의 사회는 필시 "깊은 산속 가장 깊은 곳으로 들어가도 징세와 부역을 피할 도리가 없다"[2])는 상황이 될 것이다!

재가 불교도들은 군사적·정치적 업무에 당연히 종사할 수 있다. 이상과 포부, 열정을 가진 재가 불교도는 각 방면의 각계각층에서 자신이 할 수 있는 역할을 다해야 한다.

그러나 부처님이 제정한 계율에 근거해서 보자면, 스님들은 군인들에게 설법은 할 수 있어도 군에 입대하여 군사 활동에 참가할 수는 없다. 만약 국법이 승려들에게 입대를 강제한다면, 그것은 승려들을 억지로 환속시키는 것과 다를 바 없다! 현재(1965년) 우리나라 병역법령에는 불교 승려들에 대해 아직은 유연한 규정을 두지 않고 있다.[3]) 이것은 중국 불교도들이 스스로 힘써 노력하지 않았기 때문이다. 불교협회[4])가 있기는 하지만 내부 결속력이 없고, 스님이 되는 데 자격제한을 두지 않고 있다. 정부에 대해 명확한 계획과 진지한 요구도 제출하지 않고 있다. 태국에서는 일찍부터 이런 것이 문제가 되지 않는다. 승려는 병역에 복무하지 않게 하면서, 승려 신분을 가장해 병역을

---

2) T. 『千家詩』라는 시 독본에 수록된 두순학杜荀鶴의 시 「時事行」('오늘날의 세태')의 끝 구절을 인용한 것이다. 이 시는 남편을 잃고 산속에 사는 과부의 빈궁한 처지를 읊었다.
3) T. 2000년 이후로 대만은 종교인 등 다양한 부류의 사람들에게 대체복무를 신청할 수 있게 했고, 최근에는 한 걸음 더 나아가 모병제로 가고 있다.
4) T. 대만의 '중국불교회'(Buddhist Association of the Republic of China)를 가리킨다.

기피할 수 없게 한 훌륭한 법률을 가지고 있기 때문이다. 미국에서는 '여호와의 증인'과 '종교친우회(Society of Friends-퀘이커교)'라는 두 종파 기독교인들이 군 복무에 반대했는데, 지금 그들은 모두 병역법상의 보호를 받아 군목軍牧이나 전국의 중요한 공공복무 요원으로 복무하면서 병역을 대신한다.

52. 불교는 평화주의의 종교인가?

불교의 본질로 보거나 불교의 역사적 사실로 볼 때, 불교는 확실히 세계에서 가장 평화를 사랑하는 종교이다.

불교는 자비주의를 강조한다. 남들과 일체중생에게 즐거움을 주는 것을 '자慈'라고 하고, 남들과 일체중생의 고통을 덜어주는 것을 '비悲'라고 한다. 자비주의를 실천할 때는 미워하거나 원망할 사람이 보이지 않고, 가련하고 불쌍한 사람만 보일 것이다. 그래서 불교도에게는 전쟁이 가장 잔인한 일이며, 설사 자기를 희생하고 자신의 목숨을 바친다 하더라도 폭력을 감화시키고 평화를 얻어낼지언정, "이에는 이", "폭력은 폭력으로" 전쟁을 벌이지 않을 것이다. 불교 역사상 불교도들은 다른 종교나 정치 세력에 의해 종종 박해를 받았지만, 조용히 순교하는 것 외에는 결코 폭력적으로 저항하지 않았다. 예컨대 부처님 시대에 슈라바스티의 유리왕이 석가족의 카필라바스투를 침공했을 때, 카필라바스투의 통치자는 독실한 불교도였던 부처님의 사촌동생 마하나마(Mahānāma)였는데, 당시 석가족의 군사력은 한동안 적에 대항하기에 충분했을 뿐 아니라 유리왕을 패퇴시킬 수 있을 정도였다. 그러나 그들은 남들의 피를 흘리게 하고 싶지 않았기 때문에, 저항하지 않고 성문을 열어 유리왕에게 투항했다. 그러나 유리왕은 석가족이 투항했음에도 그들의 목숨을 살려두지 않았다. 이런 상황에서 마하나마는 유리왕에게, 자신이 물 속에 들어가 있을 테니 그 사이에 석가족이 달아날 수 있게 해달라고 부탁하면서, 자신이 물 밖으로 나왔을 때까지 달아나지 않은 사람들은 죽여도 좋다고 했다. 유리왕은 허락했으나, 마하나마는 물속에 들어간 뒤 다시는 밖으로 나오지 않았다. 석가족이 모두 달아났기에 물속을 살펴보게 했더니, 마하나마는 자신의 머리를 물속의 나무뿌리에 묶은 채 죽어 있었다. 자신이 신앙하는 종교를 위해, 그리고 불살생의 평화주의를 지키기 위해, 석가족은 차라리 항복하여 피살되는 쪽을 택했던 것이다. 그리고 마하나마는 자기 부족 사람들의 목숨을 구하기 위해 스스로 물속으로 들어가 장렬하게 자신을 희생했다. 마침내 크게 감동한 유리왕은 그의 도살 계획을 멈추었다.[1] 이 이야기는 불교가 평화주의의 종교임을 잘 설명해 준다.

불경에 금강노목金剛怒目[2]의 정신으로 삿된 악마의 힘을 꺾는 이야기가 나오기는 하나, 이것은 정신적 수행의 면에서 그렇다는 것이지 현실 세계에서 실제로 그런 힘을 보여준다는 것은 아니다.

그러나 보살은 여러 부류 중생들의 근기와 여러 가지 환경의 필요에 맞추기 위해 다양한 모습으로 화현한다. 예를 들어 『화엄경』에서 선재동자善財童子가 찾아간 53선지식 중에는 전쟁을 하고 악행자에게 엄격한 벌을 내리는 보살도 있고,[3] 관세음보살의 33응화신應化身 중에

---

1) 『증일아함경』 卷第二十六 等見品(二). T02n0125_026_p0691b17~0692a14.
2) T. 금강역사의 무섭게 분노한 눈. 보살이 중생에 대한 자비심에서 눈썹을 낮게 드리우는 것[菩薩低眉]과 대비된다.
3) T. 『화엄경』(40권본) 卷第十一, 十二에서 상세히 묘사하는 감로화甘露火 왕 이야기이다 (T10n0293_011_p0712b02 이하, T10n0293_012 전체).

는 대장군大將軍의 몸을 나툰 것도 있다. 『유가보살계본瑜伽菩薩戒本』에서도, 보살이 만약 사람들의 재물을 빼앗고 많은 사람을 죽이려 하는 나쁜 도적을 만나거나 깨달음을 얻은 대·소승 성자를 죽이려 하는 사람을 보면, 그 살인자가 많은 사람들이나 성자를 죽임으로 인해 무간지옥에 떨어지지 않도록 하기 위해, 차라리 그를 먼저 죽이고 자신이 대신 지옥에 떨어진다고 말한다.4) 이런 것은 자비심에서 나오는 것이지 탐심과 진심瞋心에서 나오는 살인이 아니므로, 불교에서 허용된다.

---

4) T. 『菩薩戒本』, T24n1501_p1112a05~13. 이 『菩薩戒本』은 현장대사가 번역한 미륵보살의 『유가사지론瑜伽師地論』(100권) 중 40~42권의 '瑜伽處戒品' 부분을 따로 발췌한 것이다. '瑜伽處戒品' 중 상응하는 부분은 T30n1579_041_p0517b08~17이다.

53. 불교는 사람의 본성이 본래 선하다고 주장하는가?

이것은 중국 유가儒家 사상의 문제이다. 맹자孟子(기원전 4세기경)는 사람의 본성이 본래 선하다고 했고, 순자荀子(기원전 3세기경)는 사람의 본성이 본래 악하다고 했다. 양웅揚雄(기원전 52~기원후 18)은 사람의 본성이 '선악의 혼합'이라고 주장했고, 공손자公孫子(기원전 4세기경)는 그것이 선도 악도 아니라고 주장했다. 누구의 주장이 더 옳은가? 대체로 후인들은 맹자 편을 들기 좋아한다. 왜냐하면 공자·맹자가 유가의 정통사상이기 때문이다.

불교는 사람의 본성이 본래 선하다는 이론을 지지한다고 말할 수 있다. 부처님은 "대지의 중생들은 모두 여래의 지혜와 덕상을 갖추고 있다(大地衆生皆具如來智慧德相)"[1]고 설하여, 모든 중생이 불성을 가지고 있다고 했다. 이것이 불교는 성선론性善論이라고 주장하는 근거이다.

사실 불교는 성선론이라고 할 수도 있고 성악론性惡論이라고 할 수 있지만, 불교의 본질 면에서는 성선론에도 속하지 않고 성악론에도 속하지 않는다.

---

[1] T.『화엄경』卷第五十一 如來出現品(二)에서 "한 중생도 여래의 지혜를 갖추지 않은 자가 없다(無一衆生而不具有如來智慧)"(T10n0279_051_p0272c05)고 하였다.

모든 중생이 불성을 가졌다고 하는 것은 성선론이다. 모든 중생이 무시이래無始以來의 무명無明에 덮여서 아직 성불하지 못했다고 하는 것은 성악론이다. 그래서 성선론자는 악을 막음으로써 선으로 돌아갈 수 있고, 성악론자는 악을 제거하고 선을 이룰 수 있다. 이 두 관점은 서로 다르지만 목적은 마찬가지이다. 그래서 불교는 두 관점에서 모두 좋은 점을 취하여 여러 가지 상황에서 적절한 결과를 얻을 수 있다.

근본적으로 말하면 유가儒家의 성선론도 좋고 성악론도 좋지만, 그것은 모두 이번 한 생의 본성 문제만 논하는 것에 불과하다. 성품이 본래 선하다고 하는 것과 본래 악하다고 하는 것은 사람이 태어나서부터 기산起算하는 것이며, 금생 이전의 선행·악행과 그 업보는 추구할 수 없고, 금생에 죽은 뒤 그의 선행과 악행이 가져올 결과도 추구할 길이 없다. 맹자는 이성理性(윤리적 본성)의 가치를 지나치게 강조했고, 그래서 본성의 선함을 이야기했다. 순자는 물성物性의 변화에 집중했고, 그래서 본성의 악함을 이야기했다.[2] 사실 그들은 모두 일면만 보고 다른 일면을 소홀히 했다. 이런 관점에서 보면, 불교는 성선론도 아니고 성악론도 아니다. 왜냐하면 불교는 중생들을 시작 없는 옛적부터 최종적 목적인 성불에 이르기까지 바라보는데, 이번 한 생만 보아서는 본성의 선악을 논단할 수 없기 때문이다. 중생으로 말하면, 선善인 불성과 악惡인 무명無明은 우열을 가릴 수 없고 뗄래야 뗄 수 없는 것이어서, 불성이 있을 때는 이미 무명이 있는 것이다. 그것들은 한

---

[2] T. 여기서 '이성'은 '이理에 부합하는 본성'(윤리적 본성)을 의미하고, '물성'은 '이성'에 기초한 가치판단을 배제하고 본 사물의 본성이다.

본체[一體]의 양면이어서, 사람이 생사 속에 있을 때는 무명이고, 생사를 벗어나면 불성이다. 물성은 무명無明에서 출발하고, 이성理性은 불성이 싹터 나온 것이다. 그래서 우리의 본성이 선이라고 하는 것도 맞지 않고, 악이라고 하는 것도 맞지 않다. 만일 이번 한 생만 말한다면 선과 악, 이성과 물성 모두 우리가 태어날 때 다 가지고 온다. 선善(이성)을 따르면 선하고, 악惡(물성)을 따르면 악한 것이다.

그렇다면 불교는 양웅의 선악혼합론과 같은가?3) 그것도 아닌 것이, 불교에서는 무명·번뇌를 점진적으로 조복 받아 계속 제거해 갈 수 있다고 주장하기 때문이다. 무명이 완전히 다하면 불성이 온전히 성취된다. 이것을 "번뇌를 끊고 보리를 깨달음(斷煩惱證菩提)" 혹은 "생사를 끝내고 열반에 듦(了生死入涅槃)"이라고 한다. 생사 속에 있는 범부들에게는 번뇌가 악이고 불성이 선이지만, 일단 깨달음을 얻어 열반에 들면 원래 선악이라고 할 수 있는 것이 없다. 선악의 문제는 세간법 상의 관념일 뿐, 출세간법에서는 선도 없고 악도 없다. 선을 악과 구별하면, 선이 있을 때 악도 있을 수밖에 없다. 그래서 불교의 목적은 악이라고 할 수도 없고 선이라고 할 수도 없다. 사실 선악의 문제는 세간법에서조차도 절대적인 것이 아니다. 이는 마치 독약이 사람을 죽이지만 그것이 목숨을 구할 수도 있고, 양약良藥이 사람을 치료하지만 그것이 사람을 죽일 수도 있는 것과 같다. 그래서 성위聖位의 불보살들은 그들 자신에게 선악이라고 말할 것이 없을 뿐 아니라, 중생들을

---

3) 『불조통기佛祖統紀』卷第三五는 양웅揚雄의 '선악혼합론'을 언급하고, 사마군실司馬君實이 '맹자와 순자는 본성의 일면만 보았다'고 주석했음을 전한다. T49n2035_035_p0336a24~b18.

선악으로 구별하여 보지도 않는다. 이런 경지에 도달해야만 원수도 친구도 없이 평등하게 중생을 널리 제도할 수 있다. 선과 악은 범부중생의 자아집착으로 인한 개념일 뿐이다. 그러나 이것은 공손자의 선도 아니고 악도 아니라는 견해와는 다르다. 왜냐하면 현실세계 범부들의 입장에서는, 사람의 본성에 선악이 아주 없는 것은 아니기 때문이다. 세간을 초월한 뒤에야 선악이라는 이름들이 떨어져 나갈 수 있다.

불교의 선악 관념은 그것이 영구적인 것이 아니고 철저히 제거되어야 한다는 것이기 때문에, 만일 인간 본성에 대한 불교적 견해에 어떤 이름을 붙여야 한다면 부득이 그것을 '선악해탈론'이라고 불러야 할 것이다!

54. 불교에는 얼마나 많은 종파가 있는가?

종파가 나뉘는 것은 피할 수 없는 문제이다. 왜냐하면 비록 불법이 '한 맛이기는 하나, 그것을 받아들이는 사람들의 근기, 시대적 배경, 생활환경에 따라 불법을 보는 관점이나 해석이 다양하기 때문이다. 불경에서 "부처님은 한 음성으로 법을 설하셨지만, 중생들은 각자 자신의 근기대로 이해한다(佛以一音演說法, 衆生隨類各得解)"[1]고 한 것도 그런 의미에서이다. 부처님의 입장에서 불법을 보면 모든 법이 열반으로 가는 길(法法可通涅槃城)이지만, 제자들의 입장에서는 각기 자신이 잘하는 법문法門(법을 깨닫는 경로)이 있게 마련이다. 예를 들어 부처님의 가장 유명한 13분의 제자들은 각기 독특한 성격이 있어서 한 분야에서 뛰어났고, 각기 동반자들이 있었다.[2] 이것은 불교의 종파가 나뉘게 될 최초의 징후였다고 볼 수 있다.

부처님이 열반涅槃에 드신 뒤 4~5백년 사이에 인도 지역의 소승불교만 해도 많게는 20개 부파로 나뉘어졌다. 그들은 종종 작은 문제 하나에 대한 다툼만으로도 툭하면 하나의 무리를 만들고, 따로 하나의 파를 이루었다.

---

1) T.『유마경』佛國品, T14n0475_001_p0538a02.
2) 『잡아함경』卷第十六 第四四七經, T02n0099_016_p0115a24~b23.

소승불교가 사분오열되면서 통일적인 교화의 준거 역량을 잃어가고 있을 때, 마명馬鳴(2세기 초)과 용수龍樹(2세기 말)에 의한 '반야공般若空'의 대승불교가 인도 내에서 시대의 요구에 부응해 일어났다.

부처님 열반 후 약 천 년 사이에 무착無著(4세기경)과 세친世親(4세기경), 그리고 청변淸辨(6세기경)과 호법護法(6세기경)이 주창한 '유식유唯識有'('오직 의식만이 있다')의 사상이 대두되어, 인도의 대승불교는 공종空宗과 유종有宗의 둘로 나뉘었다.3) 얼마 후 밀종密宗이 흥기하여 대승불교는 현교顯敎와 밀교密敎의 둘로 나뉘었는데, 공종과 유종은 함께 현교에 속한다. 이것이 인도불교의 대략적인 모습이다.

불교가 중국에 전해진 이후 처음에는 어떤 종파적 견해도 없었다. 나중에 역경사업이 점차 자리 잡아 불전이 대거 번역되자, 불교사상가들이 나와 불법을 분류하고 체계화하면서 비로소 종파들이 출현했다.

중국불교 최초의 종파는 동진東晉시대(317-420)에 구마라집鳩摩羅什(4세기 중후반~5세기 초)이 번역하여 소개한 삼론三論(혹은 사론四論)4)에 기초한 삼론종三論宗이었다. 이것은 인도 공종空宗의 법맥을 이은 것으로, 가상대사嘉祥大師(549-623)(길장대사吉藏大師)가 이를 집대성했다. 동시에 소승의 『성실론成實論』에 의거한 성실종成實宗과, 소승 유부有部의 『구사론俱舍論』에 의거한 구사종俱舍宗이 있었다. 『열반경』에 의거한 열반종涅槃宗, 『십지론十地論』에 의거한 지론종地論宗, 『섭대승론攝大乘論』에 의거

---

3) T. 인순법사印順法師의 개념에 의하면 '유종'은 어떤 사물이 "내재적으로 존재한다"거나 "자성"—예컨대 식識이나 여래장—을 가지고 있다고 주장하고(유식파, 여래장파), 공종은 어떤 사물이 내재적 성품을 가질 수 있다는 것을 부정한다(중관파).
4) T. '삼론'은 용수의 『중론』과 『십이문론』, 아리야데바의 『백론』을 말하며, '사론'은 여기에 용수의 『대지도론』을 더한 것이다.

한 섭론종攝論宗도 나왔다. 달마대사가 중국에 와서 심인心印을 전한 뒤로는 선종禪宗이 성립되었다. 당대唐代에는 도선道宣 스님이 『사분율四分律』을 널리 전해 (남산)율종(南山)律宗이 나왔다. 『법화경』에 의거하여 이를 종합하고 발전시킨 지자대사智者大師(538-598)(지의대사智顗大師)에 의해 천태종天台宗이 나왔고, 현장대사玄奘大師(602?-664)가 인도에서 돌아온 뒤로 『성유식론性唯識論』에 의거한 법상종法相宗(유식종唯識宗이라고도 한다)이 나왔다. 또 『화엄경』에 의거해 이를 종합하고 발전시킨 현수대사賢首大師(643-712)(법장대사法藏大師)에 의해 화엄종華嚴宗이 성립되었고, 혜원대사慧遠大師(334-416)가 연사蓮社를 창립하여 염불만 오로지 닦게 한 이후 선도대사善道大師(613-681)에 이르러 정토종淨土宗이 성립되었다. 마지막으로 당唐 개원開元 연간(713-741)에 서역西域에서 온 선무외善無畏(637-735) 등 세 분의 밀교 고승이 밀교의 경전과 법식을 번역하자 밀종密宗이 성립되었다.

나중에 각 종파는 서로 포섭하고 대립하다가 열반종은 천태종에 통합되고, 지론종은 화엄종에, 섭론종은 법상종에 통합되어 13종이 10종으로 되었다. 이 중 소승인 성실종과 구사종 외에는 모두 대승으로 분류된다. 이들 각 종파와 공종空宗·유종有宗 관계는 오른쪽 표에 나타나 있다.

위에서 소개한 종파들을 보면 그 범위가 방대하다고 말할 수 있지만, 당나라 후기 이후의 중국불교에서 소승은 별로 중시되지 못했다. 삼론종과 유식종(법상종)은 연구한 사람이 거의 없었고, 밀종은 중국에서 잠시 잠깐 지속되었을 뿐이다. 당唐 무종武宗의 회창會昌 5년(845)에

〔중국불교 종파들〕

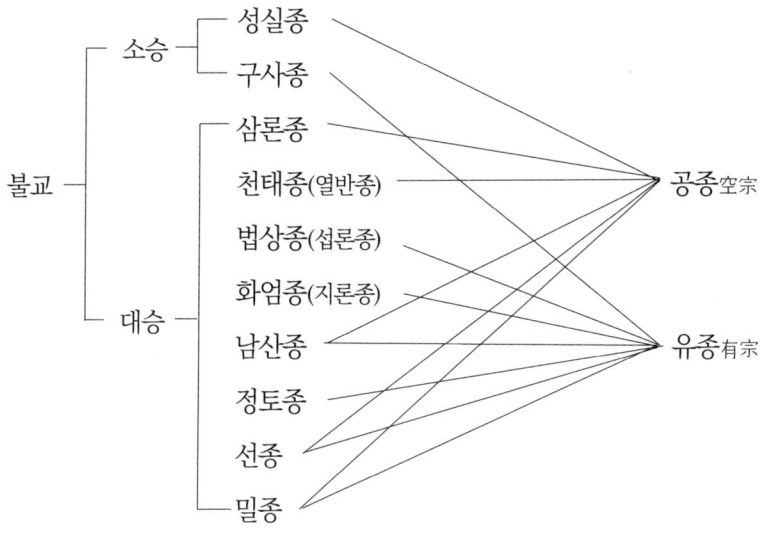

법난法難5)이 있은 뒤로 밀종은 중국에서 소멸하고, 일본으로 흘러갔다. 중국은 지리적·사회적 여건상 계율의 준수를 엄격히 요구할 수 없었고, 그래서 율종도 가까스로 명맥을 이어 왔을 뿐이었다. 가장 번성한 종파는 선종인데, 육조혜능 이후로 다시 5가五家로 종파가 나뉘었다. 5가 중에서 임제종臨濟宗과 조동종曹洞宗 두 파가 가장 번성하고 가장 오래 지속되고 있다. 오늘날 중국의 스님들은 거의 전부가 이 두 파에서 나온다. 교리를 강조하는 종파들 중에서는 천태종과 화엄종만이 겨우 유지되고 있을 뿐이다. 송나라에서 명나라에 걸친 시기에

---

5) T. '회창의 폐불'로 알려진 무종의 불교 탄압 때, 약 4,600개의 사찰이 폐쇄되고 26만 여 명의 승려가 강제로 환속 당했다.

중국에서는 영명연수永明延壽(904-976) 같은 몇 분의 고승이 선정쌍수禪淨雙修를 주장했다. 그래서 근년의 중국불교는 염불과 참선을 제외하면 달리 할 만한 행법이 거의 없다.6)

청나라 말기에서 중화민국 초기 이후로 과거에 일본으로 흘러갔던 많은 불교 전적典籍이 속속 중국으로 돌아왔다. 그래서 삼론종·유식종·율종·밀종 등이 중국에서 부활의 조짐을 보이고 있다. 다만 안타까운 것은 중국불교가 근 수백 년 동안 교육과 인재양성을 소홀히 한 탓에 이런 부활의 계기가 지속되고 발전할지 여부가 불확실하다는 것이다. 아직 더 노력해야 한다!

중국 외에도 불교는 오늘날 세계 각지에 많은 종파를 가지고 있다.

남전南傳 상좌부의 태국불교는 마하니까야(Mahanikaya-大宗) 파와 담마윳(Thammayut-法宗) 파로 나뉜다.

티베트의 밀교는 황교黃敎(겔룩파)·홍교紅敎(닝마파)·백교白敎(사꺄파)·화교花敎(까규파) 등으로 나뉜다.

일본의 불교는 대체로 중국과 비슷하지만, 정토진종淨土眞宗과 일련종日蓮宗이 일본불교의 특색을 보여준다. 현대의 인순법사印順法師는 일본불교에 대해 일찍이 이런 평가를 내렸다. "일본식의 불교는 불교적 가정家庭이 아니라 가정적 불교이다. 재가불교가 아니라 변질된 출가

---

6) 선불교의 '오가칠종五家七宗'은 이론이 다른 것이 아니라 사람들의 타고난 천품에 따라 각기 이해하는 바가 다른 데서 비롯되었다. 즉, 선에 대해서 발휘하는 태도가 다른 것일 뿐이다. 그래서 기질이 온화한 선사들은 가르침도 부드럽고, 기질이 준열峻烈한 선사들은 가르침도 준열하다. 그 가르침의 온화하고 준열한 정도에 따라 선풍禪風도 달라지고, 선풍이 서로 다르다 보니 선에 여러 종파가 생기게 되었다. 따라서 선종의 여러 종파들 간의 교리상 차이점은, 천태종과 화엄종의 교리 차이처럼 그렇게 분명하지 않다.

불교이다."7) 이것이 일본불교의 특색이다.

　마지막으로, 나는 다음 한 마디로 요약하고 싶다. 불교가 종파로 나뉘는 것은 지엽적인 문제들에 대한 의견 불일치에 속하지, 근본 사상의 차이는 아니라는 것이다. 그래서 머지않은 미래에는 전 세계에 하나의 통일적인 불교가 출현할 것이라고 본다.

---

7) 印順法師, '建設在家佛敎的方針', 「海潮音」 제34권 7월호.

55. 유식唯識은 곧 유심唯心인가?

아니다. 유식론이 정신 위주이기는 해도 물질을 부정하지는 않고, 객관적 현상을 부정하지도 않는다. 만일 부정한다면 일체가 다 비어 버려서 '식識'조차도 없을 것이다.

사실 철학적인 유심론을 이야기하자면, 유물론을 제외한 거의 모든 것이 유심론의 범위 안에 들어올 수 있다.[1] 예를 들어 베이컨, 로크, 흄 등은 주관적 유심론자, 헤겔은 객관적 유심론자, 칸트는 의지적意志的 유심론자로 볼 수 있고, 윌리엄 제임스는 경험적 유심론자, 베르크손(베르그송)은 직관적 유심론자, 버트런드 러셀은 회의론적 유심론자라고 볼 수 있다.[2]

요컨대, 그것이 어떤 종류의 유심론이건 모두 어떤 기준을 자신의 이론적 토대로서 제시해야 하는데, 하나의 기준을 세워서 받들게 되면 부분을 가지고 전체를 일반화하는 오류를 범하기 쉽다. 회의론적 유심론은 비교적 열려 있지만, 그들도 궁극의 진리로 향하는 길을 제시하지 못하고 여전히 사람들을 헤매게 한다는 느낌을 준다.

---

1) T. '유심론'은 물질적 실재가 모두 정신으로 환원된다는 것으로, 유물론의 반대 개념이다. 엄밀히는 ('실재론'의 반대인) '관념론'과 구분되는 개념이지만, 여기서는 구분하지 않고 '유심론'으로 부르고 있다.
2) 이 유심론 분류법은 태허대사의 『법상유식학개론法相唯識學槪論』에서 볼 수 있다.
 T. 일반적으로는 주관적 유심론자로 버클리, 의지적 유심론자로 쇼펜하우어를 든다.

불교의 유식론에서 "삼계유식三界唯識", 곧 삼계三界 내의 만물은 모두 제8식識의 나툼[八識所變]이고, 일체의 사물 현상―기계器界(지각력 없는 사물들의 세계)―은 모두 제8식의 상분相分3), 곧 '현행現行'(현상화)이라고 이야기하기는 하나, 자아 외의 일체중생을 부정하지는 않는다. "삼계유식"은 삼계三界 내의 일체 현상이 삼계의 중생 각자의 제8식이 공동으로 현출한 것이라는 뜻이다. 즉, 그것은 삼계중생의 공업共業에 의해 산출된 것이다. 여기서 말하는 제8식은 현재의 이 심식心識만 가리키는 것이 아니라, 무시이래無始以來의 업력業力에 훈습薰習된 심식도 포괄한다. 그 업식業識의 현행으로부터 제8식의 상분相分이 형성되어 삼계三界라는 현상이 나타났고, 우리가 사는 세계가 이루어진 것이다. 우리 세계 안의 물질들은 같은 세계 안의 모든 중생들의 제8식의 나툼이고, 그 중생들의 상호작용도 같은 세계 중생들의 제8식의 상호나툼[八識互變]이다.

유식론의 우주관은 '뢰야연기賴耶緣起'라고 불린다. '뢰야식賴耶識'(알라야식)은 제8식의 범어 음역이며, 그 의미는 '장식藏識'이다. 즉, 그것이 모든 업종業種(업의 종자)을 함장含藏하고 있다는 뜻이다. 본체의 관점에서 보자면, 이 업종이 발현되어 우리가 업의 과보를 받을 때, 이것이 곧 의식의 나툼[唯識變現]이다. 현상의 관점에서 보자면, 그것을 '업감연기業感緣起'라고 부를 수 있다. 왜냐하면 제8식의 소산인 과보, 곧 현상은 각자가 지은 업력에서 나오기 때문이다. 방법론적 관점에서 보자면, 그것을 '뢰야연기'라고 하든 '업감연기'라고 하든, 모두 여러 연들

---

3) T. 유식론에서, 인식주관인 '견분見分'에 대해 인식대상을 가리키는 말.

이 한데 모여야 현상들이 성립될 수 있다는 '연생緣生'의 원리를 벗어나지 않는다. 그래서 불교의 기본원리는 '연생론'이다.

불교의 궁극 목적은 '공空'을 깨닫는 것이다. 불교는 어떤 형이상학적 우상도 내세울 필요가 없기 때문에, 부분을 가지고 전체를 일반화하는 늪에 빠지지 않는다. 그리고 '연생緣生'은 성품의 공함[性空]ㅡ'아我'가 본래 공하고 '법法'도 공한 것ㅡ으로 귀결되기 때문에, (연생론은) 사람들을 헤매게 하거나 갈피를 못 잡겠다는 느낌을 갖게 하지 않는다. 대다수 철학자들은 '아我'가 공한 것도 깨닫지 못하니, '법法'(형이상학적 기준이나 이상들)이 공한 것은 당연히 더욱 깨닫지 못한다. 만일 그들이 자신들의 자아가 집착하는 그 기준들이 공함을 참으로 보게 되면, 자신들이 디디고 있던 기반을 상실하고 의지할 데 없이 떠도는 영혼이 되고 말 것이다!

그래서 불교의 유식론은 철학적 유심론이 결코 견주거나 비교해볼 수 없는 것이다.

56. 선정禪定은 반드시 선종禪宗과 관계되는가?

아니다. 선종禪宗과 선정禪定은 별개이다. 선종이 참선參禪과 선정 수행을 강조하기는 하지만, 모든 선정이 반드시 불교의 선정은 아니기 때문이다.

'선종禪宗'이라는 이름은 중국에서 만들어졌다. 부처님 시대에는 선종이라는 이름이 없었고, 선적인 공부와 선적인 이론이 있었을 뿐이다. 불교의 해탈도解脫道 수행법은 계戒를 첫걸음으로 하고, 정定으로 무게중심[重心]을 잡으며, 혜慧를 목표로 한다. 계戒·정定·혜慧를 '3무루학無漏學'이라고 한다. 이 셋은 서로 관련되어 있고 서로 돕는 것이어서, 하나라도 빠지면 안 된다. 셋이 모두 갖추어지면 수행자가 나선형 모양으로(계戒로 인해 정定이 생기고, 정定으로 인해 혜慧가 발하며, 혜慧로 인해 수행이 향상된다) 해탈을 향해 곧장 위로 올라간다. 이 중에서 정定이 곧 선정이다.

사실 중국의 선종은 선정보다 깨달음을 중시한다.

게다가 정定에는 종류가 많다. 불교의 출세간적 정[出世定]을 '멸진정滅盡定'(번뇌를 끝내는 정定)이라고 한다. 외도와 범부들, 나아가 축생들의 세간정世間定도 있는데, 그것은 통상 사선팔정四禪八定이라고 불린다. 사선팔정도 불교의 출세간적 정定에 이르는 과정이다. 외도들이 세간정을 닦는 것은 천상에 나는 것이 목적이고, 불교도들이 세간정을 닦는 것은 출세간정에 들어가는 것이 목적이다. 그래서 외도가 닦는 것은 세간선世間禪이라 하고, 불교도가 닦는 것은 '근본정선根本淨禪'이라고 한다.1)

불교의 선정은 다시 소승선小乘禪과 대승선大乘禪으로 나뉜다. 소승선은 생사에서 해탈하는 것을 목적으로 하고, 대승선은 삶의 모든 활동을 일종의 예술로 변화시키는 것을 목적으로 한다. 예를 들어, 중국의 선종은 나무를 지고 물을 나르는 것도 모두 선禪이고, 밥을 먹거나 자고 일어나는 것도 정定이다. 선종은 마음이 고요하고 안정되어 움직이지 않는 것을 중시하며, 육신이 마른 나무처럼 고요함을 지키며 앉아 있는 것[枯坐守寂]에 집착하지 않는다.

'선정'은 범어 디야나(Dhyana)를 선나禪那로 음역했을 때의 첫 글자 '선禪'에 그 의미가 합쳐진 것이다. 왜냐하면 선나는 '고요한 성찰[靜慮]'을 뜻하는데, 그것은 '정定'이라는 한자어로 옮길 수 있기 때문이다. 그러나 선禪과 정定은 여전히 구별되는 점이 있다. 선禪은 색계色界의 마음 경계[心境]이고, 그래서 색계를 사선천四禪天이라고 한다. 정定은 마음이 통일된 경계[心統一境]인데, 욕계欲界에서도 얻을 수 있고, 무색계의 사무색정四無色定에서도 얻으며, 삼계를 벗어난 출세간정出世間定에서도 그것을 얻을 수 있다. 그래서 '선禪'은 범위가 좁고 '정定'은 범위가 넓다. 선禪은 정定의 일종이기도 하다. 그러나 출세간정을 출세간상상선出世間上上禪이라고 부르기도 하고, 저급한 외도의 정定을 야호선

---

1) T. 世間禪, 根本淨禪 등은 『法華玄義』 卷第四, T33n1716_004_p0718a15~17 참조.

野狐禪이라고 부르기도 한다.2)

정定이라는 명칭은 범어 중에서 '사마디(三昧 samādhi)' 외에 7가지나 된다. 사마다나(三摩地 samādhāna), 사마빠띠(三摩鉢底 samāpatti), 사마히따(三摩呬多 samāhita), 디야나(馱那演那 dhyāna), 사마타(奢摩他 śamatha), 현법낙주現法樂住(drsta-dharma-sukha), 찌따이까그라따(cittaikāgratā: 心一境性)가 그것이다. 범부와 성인이 공히 정定의 상태를 성취할 수 있기 때문에, 인도의 일부 수행자들은 남녀의 성교도 사마빠띠(三摩鉢底)의 한 형태라고 여기며, 이를 자웅등지雌雄等持라고 한다. 왜냐하면 그럴 때에도 마음이 집중되고 성적인 쾌감이 온몸에 퍼지는데, 이것은 정에 들었을 때와 비슷한 현상이기 때문이다. 무슨 '성명쌍수性命雙修'니 '신심쌍수身心雙修'니 하는 것을 말하는 사람들은 남녀 간의 성적 쾌락을 통해 정定을 닦고 싶어 한다.3) 정定을 닦는 것[修定]의 의미가 오해되어 이처럼 외설스러운 하류下流와 혼동되고 있다는 것은 정말 안타깝고 가련한 일이다! 그러나 이것은 인도에서 정定의 의미를 얼마나 넓게 보는지를 우리에게 말해준다. 그런 관념과 중국 선종의 본지本旨가 어찌

---

2) 종밀宗密 선사는 『선원제전집도서禪源諸詮集都序』에서 이렇게 말한다. "따라서 만일 삼승三乘의 학인이 성도聖道를 추구한다면 필히 선禪을 닦아야 한다. 이것을 떠나서는 문이 없고 길이 없다. 염불하여 정토에 나고자 하는 사람들도 16관선觀禪과 염불삼매·반주삼매般舟三昧를 닦아야 한다." "선禪에는 얕음과 깊음이 있고, 등급이 있다. 그릇된 생각을 가지고 높은 것을 좋아하고 낮을 것을 싫어하면서 닦는 것은 외도선外道禪이고, 인과를 바르게 믿고 역시 좋아하거나 싫어하면서 닦는 것은 범부선凡夫禪이며, '아공我空'을 깨달았으나 참된 이치에 대해 치우친 견해를 가지고 닦는 것은 소승선小乘禪이고, '아공'과 '법공法空'이 드러내는 참된 이치를 깨닫고 수행하는 것은 대승선大乘禪이다. 만약 자기마음이 본래 청정하여 번뇌가 없고, 무루無漏인 지혈의 성품을 본래 다 갖추고 있으며, 이 마음이 곧 부처여서 다른 점이 없다는 것을 깨치고, 이런 이해에 기반하여 닦는다면 그것은 최상승선最上乘禪이다. 이를 여래청정선如來淸淨禪이라고도 하고, 일행삼매一行三昧라고도 하며, 진여삼매眞如三昧라고도 한다." T48n2015_001_p0399b09~20.

3) 印順法師, 『成佛之道』, 144쪽.

하늘과 땅 만큼의 차이만 나겠는가!

　선정이 반드시 선종은 아니기 때문에, 세계 각 종교의 신비적 체험들은 모두 선정 공부에서 오며, 그들이 지주持呪·기도·예배·송경 등 어떤 방법을 사용했든 그 결과는 대부분 선정의 효과이다.

　그래서 범부도, 심지어 여우와 같은 축생조차도 마음이 한 경계에 머무르는[心止一境] 정定을 닦으면 크고 작은 신비 체험이나 신통神通을 경험할 수 있다. 그러나 그런 것은 결코 불교의 선종이 아니다. 불교의 선종(선불교)은 오히려 그 반대로, 신통을 주장하지 않는다.

57. 돈頓과 점漸이란 무엇을 말하는가?

많은 사람들은 돈점頓漸의 문제를 오해하여, 돈교頓教 법문과 점교漸教 법문이 명확히 다른 두 가지 수행법이라고 여긴다. 편한 것만 찾는 사람들은 모두 돈교를 편애하면서 주제넘게 점교를 배척한다. 선종이 돈오頓悟를 강조하고 "불립문자不立文字 직지심원直指心源"을 내세우면서, 앞생각이 미혹되면 중생이고 뒷생각이 깨치면 부처라고 주장한다는 것은 누구나 다 안다. 선종을 제외하면 어느 종파도 이와 같이 '단칼에 알아차리고(直截了當)' '문을 열면 산을 보는(開門見山)'[1] 식으로 할 수 없다. 그래서 선종의 많은 사람들은 점교를 배우는 사람들을 '지해종도知解宗徒'(지적 이해만 가진 사람들)라고 곧잘 비판한다.

사실 돈점의 두 가지 법문은 한 가지 본체의 양면이다. 돈頓은 점으로 인해 돈頓이고, 점漸은 돈頓으로 인해 점漸이다. 점漸이 없으면 결코 돈頓이 있을 수 없고, 돈頓이 있으면 반드시 점漸이 먼저 있다. 점漸은 돈頓이 이루어지는 원인이고, 돈頓은 점漸의 결과이다.

이 문제에 대해 나는 1958년에 이미 이런 견해를 가지고 있었다.

"소위 돈오頓悟는 최후의 한 생각이 타파되거나 최후의 한 연緣이 성숙

---

1) T. '開門見山'의 원뜻은 언어 표현이 주제를 단도직입적으로 드러낸다는 뜻이다. 여기서는 군더더기 없이 불법의 핵심을 즉시 간파하는 것을 의미한다.

되는 것일 뿐이다. … 또한 그것은 20일 동안 계란을 품은 것과 같다. 만일 병아리가 껍질을 깨지 못하면 어미닭이 부리로 껍질을 가볍게 한 번 쪼아줄 것이고, 그러면 갑자기 병아리가 불쑥 생기발랄하게 나타날 것이다. 어미닭의 이 한 번 쪼아줌은 최후의 한 연緣의 성숙을 돕는 것이다. 마찬가지로, 우리가 불법을 배울 때도 만약 여러 전생에 수행을 많이 해서 심후深厚한 근기를 배양했다면, 이번 생에 선문禪門에서 말하는 '기봉機鋒'(적절한 순간의 예리한 자극)을 만나기만 하면 한 생각을 타파하고, 단박에 범부를 뛰어넘어 성인의 영역에 들어갈 수 있다. 그렇다면 소위 돈오란 것도 신비하다고 할 것이 아무것도 없다."2)

만약 부처의 지위에서 중생을 본다면, 일체중생이 모두 여래의 지혜와 덕상德相을 가지고 있고 모두 성불할 수 있으므로, 부처는 중생이 부처와 동등하다고 본다. 이것이 돈교頓敎이다. 만약 중생의 입장에서 부처를 본다면, 중생이 성불할 수는 있으나 52계위의 오랜 수행을 거쳐야 부처의 지위에 도달할 수 있다. 이것이 점교漸敎이다. 점진적 수행[漸修]이 완성되면 부처의 과위果位가 홀연히 나타날 수밖에 없다. 즉, 보리수 아래서 등정각等正覺을 이루게 된다.

역으로 말하면, 돈頓은 점漸의 시작이고 점漸은 돈頓의 실천이며, 돈頓은 점漸의 계발이고, 점漸은 돈頓의 연속이다.

따라서 중국 선종에서 말하는 돈오는 부처의 지견知見을 홀연히 깨닫는 것을 가리킨다. 『법화경』에서는 부처의 지견을 증득하는 것을 네

---

2) 『神通與人通』, '人心的安頓與自性的超脫'.

단계로 나누는데, '개開·시示·오悟·입入'이 그것이다. '개開'와 '시示'는 부처가 맡아서 중생들에게 하는 일이다. 즉, 부처가 중생들에게 그들이 본래 가진 불성의 창고를 열어서[開] 보여주는[示] 것이다. '오悟'와 '입入'은 중생들 자신이 하는 일이다. 중생들이 자신의 성품이 본래 부처가 될 수 있는 것임을 (체험을 통해) 분명하게 알면, 이것이 곧 깨달음[悟]이다. 깨달은 뒤에 여법하게 수행해야만 부처의 지견이라는 문으로 들어갈[入] 수 있다. 보살도의 계위階位로써 가늠해 보자면, 부처의 지견知見을 깨닫는 것은 미처 초지初地에 오르지 못한 범위보살凡位菩薩 때 일어나고, 부처의 지견에 들어가는 것은 초지初地 이상의 성위보살聖位菩薩 때 일어난다. 왜냐하면 초지初地 이상 보살만이 무명無明을 조금씩 끊고, 깨달음의 성품[覺性]을 조금씩 깨달을 수 있기 때문이다. 초지初地 이전은 모두 준비 공부일 뿐이다.

돈오頓悟는 깨달음의 본질적 바탕[理體]인 법성法性 혹은 불성(의 깨침)이지, 돈오가 결코 성불과 같은 것은 아님을 알 수 있다. 점수漸修는 닦음의 구체적인 모습[事相]인 공덕의 계발이고, 점수漸修를 통해 공덕을 쌓아야만 참으로 부처가 될 수 있다. "이치로는 돈오지만 실제로는 점수다(理以頓悟, 事以漸修)"라는 것이 돈점 문제에 대한 또 하나의 답변인 것이다. 선종의 '돈頓'은 이러한 하나의 설명 틀이다.

그러나 이것은 교의敎義 해석상의 입장에서 말한 것이고, 중국 선종 자체의 입장에서 말한다면 결코 그렇지 않다. 왜냐하면 중국 선종에서 말하는 돈오는 계위階位에 떨어지지 않는 것이고, 돈오는 돈오이지 점수와 아무 관계가 없으며, 돈오했을 때는 바로 그 자리에서 본래 그러한 진여眞如의 실다운 성품[實性]이라는 것이기 때문이다. 그러나 이것은 보통 사람들이 해낼 수 없는 것이다.

선종에서는, 참구參究하는 공부가 힘을 얻었을 때는 초지보살의 성위聖位에 바로 진입하지 못한다 해도, 돈오했을 때는 제6식과 제7식의 기능을 잠시 정지시킬 수 있다고 믿는다. 이때는 혼침昏沈·산란散亂 또는 무기無記의 상태에 떨어지지 않고, 아주 명료한 직접지각[現量]의(본래 이와 같은) 마음만 출현하는데, 이는 마치 검은 구름이 뒤덮고 있다가 갑자기 구름이 싹 걷히고 만 리에 구름 한 점 없는 하늘이 드러나는 것과 같다. 그것은 극히 짧은 순간에 실제로 증득하는 (진여실성眞如實性의) 체험이다. 그 순간이 지나면 다시 무명 번뇌의 검은 구름이 그 풍광을 차단해 버리기는 하지만, 그 수행자는 본래 이와 같은 진여실성을 확실히 한 번 본 것이다. 따라서 아직 그것을 보지 못한 사람들과는 당연히 큰 차이가 있다. 이것이 바로 선종에서 이야기하는 돈오인데, 그 깨달음 후에는 여전히 힘써 다시 수행해야 한다. 부처마음[佛心]을 잠시 새겨 두기는 했지만 복혜福慧의 자량資糧—즉, 성불의 밑천은 아직 충분히 갖추지 못했기 때문이다!

58. 어느 종宗을 닦는 것이 가장 좋은가?

앞에서 이미 말했듯이, 불교의 각 종파는 불법을 배우는 사람들의 근기와 시대적 환경이 서로 다른 데서 나온 것이다. 그래서 불교의 근본적 입장에서 말한다면 종파란 쓸데없는 것이다. 만약 한 종파만 붙들고 나머지 전체를 비난한다면, 그것은 불법을 배우는 사람 개인의 손실일 뿐만 아니라 전체 불교에도 불행한 일이다. 그것은 마치 저장浙江의 닝보寧波 사람들은 냄새가 강한 음식을 좋아하고, 후난湖南 사람들은 매운 음식을 좋아하며, 산둥山東 사람들은 얼큰한 음식을 좋아하고, 샨시山西 사람들은 신 음식을 좋아하는 것과 같다. 그렇다면 여러분은 어느 것을 먹고, 어느 것을 먹지 말아야겠는가?

불교의 내용은 포함하지 않는 것이 없다. 불교는 과학이 아님에도 과학과 배치되지 않고, 철학이 아님에도 오히려 철학을 넘어서며, 문학이 아님에도 확실히 문학을 가지고 있고, 미학이 아님에도 이미 미학을 창조적으로 진화시켰으며, 종교가 아님에도 종교적 본질을 결여하고 있지 않다.

따라서 우리가 불법을 배울 때는 자신의 근기나 관심에 가까운 것을 입문의 방편으로 선택하는 것이 가장 좋다. 중국의 대승 8종 가운데서 유식종은 과학에 가깝고, 삼론종은 철학에 가깝고, 화엄종과 천태종은 문학에 가까우며, 진언종과 정토종은 미학에 가깝고, 선종은 불법의 핵심이다. 태허대사가 "중국불교의 특질은 선禪에 있다(中國佛教特質在禪)"[1]고 했듯이, 어느 종파든 모두 선禪의 정신으로 돌아간다. 율종으로 말하면, 그것은 불교 전체의 기초이며, 그것이 불교에 대해 갖는 중요성은 『육법전서』가 온 나라에 대해 갖는 중요성과 같다. 그래서 엄밀히 말해 율종은 하나의 종파가 될 수 없고, 각 종파에 두루 속해야 한다. 종교로서의 본질로 말하면, 각 종파가 모두 그것을 구비하고 있다.

당나라 후기 이래 중국불교에서는 선종이 특히 성행했고, 후대에는 선정합일禪淨合一도 출현했다. 근년에는 선종에서 기선寄禪(1852-1912)과 허운虛雲(1840-1959), 정종淨宗(정토종)에서 인광印光(1862-1940), 율종에서 홍일弘一(1880-1942), 천태에서 제한諦閑(1858-1932), 화엄에서 월하月霞(1858-1917), 유식에서 구양경무歐陽竟無(1871-1943)가 나왔다. 그러나 대체로 말해서 민간에서는 여전히 선종과 정종의 두 맥이 비교적 영향력이 크고, 학계에서는 유식의 영향력이 비교적 크다. 밀종은 성행하기는 해도 매우 혼란스러운 상태이다.

가장 주목할 만한 것은 태허대사와 그의 제자들이다. 그들은 특정 종파에 구애되지 않고, 불법의 근본정신에 입각해 각 종파들을 통합적으로 보고, 종파 간 경계선을 타파하면서 각 종파의 본래 위치로 돌아갔다. 태허대사는 대승불교의 모든 종파를 세 가지 큰 갈래로 통합했

---

1) T. 1943년 가을의 한 강연에서 발표한 것이다(『太虛大師全書』 제2권 수록). 태허대사는 이 강연에서, 중국에 온 서역 승려들의 교화 방식이 선정 위주였고, 사대부들도 과도한 분석을 좋아하지 않아, 중국에서는 학적인 분석보다는 선정이 강조되었다고 했다.

는데, 그것은 1) 법상유식종法相唯識宗, 2) 법성공혜종法性空慧宗, 3) 법계원각종法界圓覺宗이다. 그래서 유식종과 삼론종은 각기 하나의 갈래가 되고, 나머지 여러 종파는 모두 법계원각종에 포섭되었다. 태허대사의 제자인 인순법사印順法師는 대승의 이 세 갈래를 다시 한 번 분류하여 1) 성공유명론性空唯名論, 2) 허망유식론虛妄唯識論, 3) 진상유심론眞常唯心論으로 불렀다. 태허대사는 법계원각종이 가장 완전하다고 보았고, 인순법사는 성공유명론이 가장 궁극이라고 보았다. 태허대사는 『대승기신론』과 『능엄경』을 평생 숭상했다. 인순법사는 『아함』의 교의를 근본으로 삼고 『반야』의 공空 사상을 꿰뚫었다. 어떤 사람들은 그가 삼론종에 속한다고 말하지만 그는 그것을 부인한다. 왜냐하면 중국의 삼론종에는 이미 중국적 사상이 스며들어, 인도 공종空宗(중관학파)의 원래 색채가 아니기 때문이라는 것이다.

사실 우리가 그것을 뭐라고 부르든, 어디다 두든, 장미꽃은 늘 그대로 향기롭다. 고금의 여러 대덕들이 불법을 다양하게 분류한 것은 사람들이 불법의 내용과 연구 체계 및 방법을 더 분명하게 이해하도록 하기 위해서였다. 만약 불법을 배워서 닦고 싶다면, 어느 길로 가든 "모든 법이 다 열반의 도시로 통한다(法法皆通涅槃城)." 왜냐하면 불법에는 얕음과 깊음, 치우침과 완전함의 구별이 있을 뿐, 좋고 나쁨이나 옳고 그름의 구분은 없기 때문이다. 얕은 것은 깊은 것의 기초이고, 깊은 것은 얕은 것의 진전이다. 치우친 것은 완전한 것의 부분이고, 완전한 것은 치우친 것의 전체이다. 그러나 연구 면에서 말하자면, (사상적) 맥락이 분명해야 하기 때문에 그런 체계적 분류가 필요하다.

그러나 근대에 이르러 중국의 대승불교 8대 종파가 세 개의 종으로 재분류되었기 때문에, 이들 종파들 간의 경계선은 더 이상 존재할 수 없다는 점을 우리는 유념해야 한다. 나아가 대승과 소승의 경계선도 모조리 없애서 하나의 전체적인 불교로 다시 통일시켜야 한다. 만일 아직도 어떤 사람이 어느 종파를 홀로 고수하면서 자신이 그 종파의 몇 대 조사祖師가 되기를 바란다면, 그것은 불필요한 짓일 것이다. 사실 역대 고승들은 반드시 어느 종파의 제 몇 대 조사는 아니었고, 어느 종파를 계승했다는 증서를 가진 소위 '사법제자[嗣法門人]'도 반드시 깨달은 고승은 아니었다. 대승과 소승의 구분에 대해서 보자면, 남전 상좌부 불교는 그런 구분을 반기지 않는다. 중국인들은 그들을 '소승'이라고 말하지만, 그들도 대승을 불교가 아니라고 말할 것이다. 같은 강물을 따로 마시면서[分河飮水] 서로를 경시하는 이런 상황을 누가 합리적이라고 말할 수 있겠는가?

물론 막 불문佛門에 들었거나 앞으로 불문에 들려고 하는 사람들에게는 출발점의 선택이 필요하다. 내 관점에서 보자면, 처음 출가한 비구와 비구니는 먼저 승니의 율의律儀를 배워야 하지만, 반드시 율종에 들어갈 필요는 없다. 만년에 불법을 배우는 재가거사는 염불에 전념해야 하지만, 그렇다고 해서 정토종에 들어갈 필요는 없다. 또 반드시 서방 아미타불을 염할 필요는 없고, 도솔천 내원內院의 미륵불이나 동방의 약사불藥師佛·아촉불阿閦佛 등을 염해도 된다. 만일 학술·사상적 관점에서 불교에 접근한다면, 반야공般若空(중관 사상)과 유식유唯識有(유식 사상)의 양대 체계가 가장 풍부한 발굴가치를 지닌 보배창고이다.

수행의 경로로 말하면, 난행도難行道(어려운 길)와 이행도易行道(쉬운 길)의 두 가지로 나눌 수 있다. 난행도는 처음 보리심을 일으킨 때로부터 세세생생世世生生 보살도를 행하고, 세세생생 자기를 희생하여 중생들을 이익되게 하는 것이다. 그것은 자신이 발한 원력에 의지하여 생에서 생을 거듭하며 유지해 가는 과업이며, 매우 어려운 수행 노선이다. 만일 원력이 충분히 강하지 않으면 몇 번이고 좌절을 거듭하다가 물러나는 경우도 흔하다. 그러나 이 수행 노선의 과정은 이행도에 비해 빠르다. 이행도를 닦는 것보다 더 빨리 성불의 목표에 도달할 것이기 때문이다. 이행도는 제불諸佛의 원력으로 만들어진 정토에 왕생하여 각자의 혜업慧業을 기르고, '불퇴전[不退]'의 수준에 도달하며, 나아가 성위聖位의 경계에 도달한 다음, 다시 범부의 세계로 들어가서 보살도를 행하여 널리 중생들을 제도하는 것이다. 그래서 이 길은 비교적 안전하고 무난하지만, 느리게 우회하는 길이기도 하다.

자신이 없거나 믿음과 원력이 충분히 견고하지 않은 보통의 사람은 이행도를 배워서 닦는 것이 가장 좋다. 이행도의 종교적 가치와 그 작용은 기독교인들이 천국에 나려고 하는 것과 방식은 달라도 효과는 비슷하다고 말할 수 있다. 양자의 내용은 나란히 놓고 논할 수 없지만, '믿음'의 힘을 강조한다는 점에서는 거의 일치한다. 다시 말해서, 기독교에서는 '믿음·소망·사랑'[信·望·愛]을 이야기하고, 불교에서는 '믿음·발원·실천'[信·願·行]의 셋이 함께하는 효능을 강조한다. 다른 점은, 불교에서는 중생들 자신 위주이고, 기독교에서는 하느님 위주라는 것이다. 기독교의 출발점과 그 목적은 모두 하느님의 권능과 관계

된다. 즉, 하느님의 권능에 복종하고, 하느님의 권능에 의지하는 것이다. 불교에서는 중생들이 그 자신의 힘으로 제불諸佛의 감응을 이끌어내고 불토佛土에 진입하여 부처와 함께한다. 그래서 불교도들은 온 마음을 다하는 믿음 외에도 제불의 원력(기독교에서 말하는 '은총'과는 다르다)에 상응해야 불국佛國에 왕생할 수 있다. 제불의 원력에는 '통원通願'과 '별원別願'의 두 종류가 있다. 통원通願은 제불이 공통적으로 발한 서원, 즉 "중생무변서원도衆生無邊誓願度·번뇌무진서원단煩惱無盡誓願斷·법문무량서원학法門無量誓願學·불도무상서원성佛道無上誓願成"인데, 이것을 보통 '사홍서원四弘誓願'이라고 한다. 별원別願은 아미타불의 48원願, 약사불의 12대원大願2)처럼 제불이 개별적으로 성취하는 원력이다. 우리도 제불의 통원을 발해야 제불의 국토에 들어갈 희망을 가질 수 있고, 어떤 부처님의 별원에 상응해야 그 부처님의 국토에 날 수 있다. 오늘날 염불로 불국정토에 왕생하려 하는 사람들은 이 점에 거의 주목하지 못하고 있다. 또한 우리가 정토행淨土行(염불수행)의 이행도를 닦을 때는 마음이 지극하고 간절해야 하고, 생활 속의 언행에서도 정토의 중생처럼 '신구의身口意' 삼업三業이 청정해야 한다. 우리 범부들은 완벽하게 청정할 수는 없겠지만, 최선을 다해서 우리 자신의 몸과 마음을 정화해야 한다. 정화의 덕목은 곧 오계·십선이다. 만약 마음은 정토에 나고 싶으면서도 행위에서 정화의 노력을 하지 않는다면, 임종할 때 과연 불국에 왕생하기를 바랄 수 있을지 의문이다.

---

2) T. '48원'은 『불설무량수경』(T12n0360_001_p0267c17~0269b06), '12대원'은 『약사유리광여래본원공덕경』(T14n0450_p0405a07~b26)을 참조하라.

불교의 본질은 지혜를 숭상하는 것이다. 그러나 종교적 입장에서 말하자면, 지혜가 불문佛門에 드는 방법이라고 하기보다, 오히려 지혜는 불법을 배우고 닦는 목적이라고 하는 것이 더 정확하다. 물론 어떤 사람들은 지적인 이해[知解]를 얻고 나서 불교를 신앙하고 실천하지만, 불교를 믿고 배우면서도 지적 이해(교의敎義)의 힘든 과정을 거치지 않는 사람들이 더 많다. '믿음·발원·실천'의 수행으로도 같은 목표에 도달할 수 있는데, '믿음·발원·실천' 그 자체는 반드시 지성적 이해[慧解]에 기초해야 하는 것은 아니다. 그래서 불교의 교의를 이해하지 못하거나 받아들일 수 없는 사람도 불법을 믿고 배울 수 있다. 그들은 교의는 이해하지 못해도, 남들과 마찬가지로 종교·신앙적 실익을 얻을 수 있다. 예를 들어 정토 행자들 중에는 상·중·하의 세 가지 근기가 있고 학식 있는 사람들도 없지 않지만, 대체로 말해서 정토행淨土行의 공부가 (교의는 잘 모르지만 믿고 발원하고 실천하는) 그런 유형에 가깝다. 마찬가지로, 중국의 선종도 '불립문자不立文字'를 내세우고 '말과 생각의 길이 끊어지고 마음 갈 곳이 없어짐(言思路絶 心行處滅)'을 주장한다. 그들은 복잡한 지식을 필요로 하지 않는다. 왜냐하면 그들은 진지한 수행 속에서 자연히 지혜의 빛을 보기 때문인데, 그것을 깨달음[開悟]이라고 한다. 그래서 선종은 '과도한 이해를 추구하지 않고(不求甚解)'3) 실질적인 이익을 도모하는 중국인들의 구미에 가장 잘 맞는다. 그러나 지적 이해의 복잡한 얽힘을 이렇게 부정한 뒤의 신앙

---

3) T. '不求甚解'는 원래 '자구를 깊이 분석하지 않고 글의 정신 혹은 대의를 파악하는 데 주력한다'는 뜻이다.

은 결코 우습게 볼 미신이 아니다. 그래서 선종의 고승들 어록은 한 글자도 지혜의 결정체 아닌 것이 없다.

그래서 선종과 정토종이 천 년 이상 중국인들에게서 가장 환영 받았다. 왜냐하면 이 종파들은 높고 깊은 수준의 이해력을 수행의 선결 조건으로 요구하지 않기 때문이다. 다만 이로 인해 폐단도 다소 생겨났는데, 그것은 근기가 얕고 업장이 두터운 일부 수행자들이 어리석게 미혹되거나 맹목적으로 수행하면서, 자기 견해에 집착하여 남들을 비난하고, 그러면서 자신이 어떤지를 모른다는 것이다!

59. 불교도는 불교의 모든 전적典籍을 어떻게 보아야 하는가?

불교의 대·소승 경전은 아주 많다. 불경에서는 최초의 대규모 경전 결집이 부처님 멸도滅度 후 수백 년에 걸쳐 일어났다고 기록하고 있다. 율부律部에서 우리는 부처님 당시에도 이미 기록된 경전이 있었다는 것을 알 수 있는데, 예컨대『근본설일체유부율根本說一切有部律』권卷 44와 권48,『잡사雜事』권4,『약사藥事』권3에 이미 사람들이 경經을 읽거나 베껴 쓴다는 기록이 있다.[1] 다만 그런 경들은 아주 적었을 것이다. 초기의 불경은 대부분 구두전송口頭傳誦에 의한 것이었다. 인도에서는 예로부터 신성한 경전들이 모두 스승에게서 제자로 구전되었다(최초의 바라문교『베다』성전은 문자로 기록하는 것을 아예 꺼렸다). 그래서 인도민족은 기억에 강한 습관과 능력이 생겼고, 학자가 수십만 송을 기억하는 일은 다반사이다. 오늘날의 미얀마 비구들 중에도 삼장三藏을 다 외는 삼장법사三藏法師들이 있다. 그래서 후스胡適(1891-1962)는 "저 인도 스님들은 정말 기이한데, 머리를 흔들면서 한

---

[1]『根本說一切有部毘奈耶』卷第四十四, T23n1442_044_p0871b25~27과 卷第四十八, T23n1442_048_p0892a17;『根本說一切有部毘奈耶雜事』卷第四, T24n1451_004_p0223b15;『根本說一切有部毘奈耶藥事』卷第三, T24n1448_003_p0011b05~07. T. 위『藥事』의 기록은 구두 '송경'이지 '기록된 경'을 읽는 것으로 보기는 어렵다.

번에 외는 것이 2, 3만 게송이다"라고 했다.[2]

그러나 스승과 제자 간의 송전誦傳에 의존하는 방식으로 불경을 전승하는 것은 와전訛傳이나 오류가 없다는 보증이 없다. 뿐만 아니라 스승에서 제자로 전하는 인도인들의 관습은 그 전승에 대한 절대적인 믿음을 배양했고, 그래서 오랜 시간이 지나면 같은 사건에 대해 서로 다른 많은 전설이 생겨날 수 있었다. 그들은 제각기 자신들의 전승을 믿었고, 서로 간섭하지 않았다. 그 결과 고대인도 문화의 갖가지 전설 중 어떤 것들은 부지불각 중에 불전 내용의 일부로 이용될 수 있었다. 특히 인도인들은 예로부터 역사적 고증 작업을 중요시하지 않아서 더 그랬다. 그래서 불경에는 서로 모순되거나 시간적 순서가 거꾸로 되어 있는 기록들이 허다히 있고, 특히 논전論典에 그런 것이 많다(불경에는 경經·률律·론論 삼장三藏이 있는데, 경經과 율律은 기독교의 신약·구약과 비슷하고 논전論典은 신학서들과 비슷하다). 논전은 각 부파의 논사論師들이 찬술한 것이기 때문에, 서로 다른 견해가 더 많다.

그래서 바른 믿음의 불교도는 불경에 대해서 최고의 경건함을 갖추어야 하지만, 자구字句 하나하나까지 무비판적으로 받아들일 필요는 없다. 불교의 정법正法은 불경 속에서 찾아야 하지만, 불경의 기록에 대해서는 각자가 그것을 헤아려 살피는 태도를 지녀도 된다(만약 그런 능력이 있다면 그럴 수 있다는 뜻이다).

대체로 말해서, 현재까지 유통되고 있고 역사적 사실을 고증할 수 있는 불경들은 모두 사람들이 믿고 받아들이고 실천할 가치가 있다.

---

[2] 胡適,『白話文學史』(1986), 154쪽.

왜냐하면 그 경들의 중심 사상이 모두 올바르기 때문이다. 간혹 경經에 나오는 용어·숫자·견해·전설 등이 서로 어긋날 때도 있지만, 그런 것은 지엽적 문제이지 근본적 문제가 아니다. 그래서 일반인들은 불경의 신뢰성과 진실성을 의심하면 안 된다. 불교가 모든 사람은 불법을 직접 이해할 수 있다고 주장하기는 하나, 만일 완전하게 이해되지 않는 부분을 만나면 소양을 갖춘 스님에게 설명을 청하는 것이 가장 좋다. 자기 스스로 불경의 뜻을 함부로 단정해서는 절대 안 된다. 많은 용어와 관념들은 영적인 깨달음의 경계境界(경지)와 관계되기 때문에, 불경을 많이 읽었거나 자신에게 실천적인 체험 공부가 없다면 그 뜻을 꿰뚫기가 쉽지 않을 것이다.

불교 경전은 많다. 중국에서는 그것을 천 년이나 번역했지만, 최종적으로 몇 만 권을 번역해 냈는지는 아무도 확실히 알 수 없다. 현존하는 불전은 중국인들이 주석하거나 찬술한 것들을 포함하여, 3천여 부 15,000권을 넘는다(일본·티베트와 상좌부 국가들에서 전해지는 경전은 포함하지 않는다). 그래서 오늘날까지도 어떤 것이 가장 주요한 경전들이라고 확실하게 열거할 수가 없다. 불경을 읽고 싶은 초학자들이라면, 불교개론과 불교사 등의 입문서들을 필히 보아야 한다. 그런 입문적 책들은 더 나아가 무엇을 읽어야 하는지를 우리에게 알려줄 것이다. 본 장은 불경에 대한 일반적이고 피상적인 소개일 뿐, 한 걸음 더 나아간 연구에 대한 안내는 본서의 범위를 넘는다.

60. 불교의 전적典籍들은 정말 읽고 이해하기가 어려운가?

이 문제는 양면으로 나눠서 이야기해야 하는데, 일면은 '그렇지 않다'이고, 일면은 '그렇다'이다.

오늘날 보통의 젊은이들은 다들 불교 전적典籍들이 읽기도 어렵고 이해하기도 어렵다고 불평한다. 그것은 그들이 본 불서佛書가 너무 적고, 또한 예컨대 『대반야경』・『대열반경』・『화엄경』・『법화경』・『유마경』 같은 큰 불경을 아직 보지 못했기 때문일 수 있다. 『아함경』을 본 사람은 더 적을 것이다. 사실 참으로 불경을 보고 싶다면, 먼저 『아함경』을 보고, 이어서 『법화경』・『화엄경』・『열반경』・『반야경』을 보아야 할 것이다. 그렇게 하면, 내가 감히 보증하건대 불교 경전들이 기독교의 『신약』・『구약』보다 더 어렵거나 지루하다고 느끼지 않을 것이다. 많은 사람들은 『신약』・『구약』이 평이하여 읽기 쉽다고 생각하지만, 사실 기독교인들 중에서도 『구약』을 완독한 사람은 많지 않다. 그런데 『구약』 전부를 읽어내려면 사실 인내심이 좀 필요하다. 그러나 『신약』 중에서 4복음서는 확실히 읽기가 쉬운 편이고, 4복음서 중에서도 「마태복음」이 가장 잘 써졌다.

불경의 특별한 장점은 이야기 형식의 문학적 필치로써 불교의 사상과 경지[境界]를 묘사하면서, 구체적인 묘사와 비유를 잘 써서 추상적이고 형이상학적인 개념들을 표현해 낸다는 데 있다. 그래서 후스胡適는 불경의 한역 작품들은 중국 고문古文의 병체문騈體文보다 더 진솔하다고 보았다. "종교적 경전들은 있는 그대로 정확히 전달하는 것을 중시하고, 화려한 표현을 중시하지 않는다. 그리고 독자들이 이해하기 쉽게 하는 것을 중시하고 고아古雅함을 중시하지 않는다. 그래서 역경대사譯經大師들은 '문장을 꾸미지 않고, 이해하기 쉽게 하며, 본래의 뜻을 잃지 않기(不加文飾, 令易曉, 不失本義)'를 서로 권했다." 그는 또 이렇게 말했다. "구마라집鳩摩羅什이 번역한 경經들 중에서 가장 중요한 것은 『대품반야경大品般若經』이지만, 가장 많이 유통되고 문학적 영향이 가장 컸던 것을 꼽으라면 『금강경』·『법화경』·『유마경』의 셋이다." 후스는 특히 『유마경』이 "반은 소설, 반은 희극인 작품인데, 번역된 뒤 문학계와 미술계에 끼친 영향이 가장 컸다"면서 그 경經을 찬양했다. 또 이렇게 말했다. "『법화경』은 소설은 아니지만 문학적 취향이 풍부한 책이다. 이 경經에 나오는 몇 가지 우화는 세계 문학에서 가장 아름다운 우화라고 볼 수 있고, 중국문학에도 적지 않은 영향을 끼쳤다." 또 이렇게 말했다. "『불소행찬佛所行讚』은 위대한 불교시인 마명馬鳴의 걸작이며, 부처님의 일생을 운문체로 서술했다." "『화엄경』의 마지막 편인 '입법계품入法界品'은 전체의 4분의 1 이상을 점하는데, 선재동자善財童子가 도시를 하나하나 지나고, 스승을 한 분 한 분 만나는 구법求法 여행을 묘사하여, 마침내 한 편의 장편소설로 발전한다."[1] 우

---

1) 胡適, 『白話文學史』, 제9장, 10장(154, 163-65, 176, 182쪽).

리는 후스가 불교도가 아니었다는 것을 아니, 불법에 대한 그의 견해에 무턱대고 맞장구칠 수는 없다. 그러나 그는 근대 중국의 백화문학白話文學 운동을 개창한 비조鼻祖의 한 사람이고, 그가 불교 경전이 문학적으로 숭고한 가치를 지녔다고 생각했다면, 이런 물음을 던져보자. "불경은 정말 읽고 이해하기가 어려운가?" 여러분이 오랜 선입견을 가지고 있지 않다면, "그렇다"고 고개를 끄덕이지는 않을 것이다.

그러나 만약 대·소승의 논전論典을 읽게 되면 정말 골치가 많이 아플 것이다. 특히 대·소승 유종有宗의 논저들은 그 생소한 용어들, 그 정밀한 구조, 그 심오한 사상으로 인해, 불교학에 대한 상당히 높은 수준의 소양이 없다면 마치 '천서天書'(신선이 쓴 난해한 책)를 보듯이 이해하기 어려울 것이다. 불교를 수십 년간 공부한 구참久參 불교도라 해도 철학적 추론과 과학적 방법에 대한 훈련을 받은 적이 없으면, 자신의 능력이 미치지 못함을 한탄하게 될 것이다. 마치 무협소설에 빠진 독자가 갑자기 칸트나 헤겔의 저작을 읽는 것처럼, 그것을 도무지 이해하지 못할 것이 분명하다. 그러면 물어 보자. "이런 상황의 불전을 그래도 읽어야 할 필요가 있는가?" 여러분이 문화수준이 낮은 집단의 일원이 아니라면, "필요 없다"고 말해서는 안 된다.

많은 사람들은 기독교 책들이 읽기 쉽다고 말한다. 사실 그들의 신학이나 스콜라철학에 관한 책을 들여다보면 여러분도 뭐가 뭔지 모르겠다고 느낄 것이다. 중세의 기독교 성직자들은 이른바 "신의 계시와 인간 이성의 조화"를 위하여 신화에 철학의 외피를 입혔다. 모든 문제를 하느님[天主]의 권위 아래 두려 했고, 그래서 철학이 신학의 노예가 되어야 했다. 그러다 보니 그것은 복잡하고, 이치에 닿지 않고, 지루하고, 굉장히 혼란스러운 체계가 되어, '스콜라철학' 하면 번쇄한 철학으로 여겨지게 되었다.

오늘날 불교 문장들이 이해하기 어렵다고 하는 것은, 몇몇 중국불교 저술가들의 문체에도 원인이 있다고 생각된다. 예컨대 옛 것을 소화하지 못하는 일부 '불교학자'들은 한사코 맹목적 답습만 하고 있어, 사상적 '위장胃腸'에 기능장애가 있는 것처럼 보인다. 그들은 읽은 것이 그들의 대뇌를 통과하지 못한 상태에서, 책에 있는 문장들을 맥락과 무관하게 잘라내고[斷章取義] 여기저기서 가져온 인용문을 긁어모아 그것을 글이라고 생각한다. 그런 글들은 그들 자신도 분명하게 이해하지 못하고, 독자들이 보면 당연히 '무슨 말을 하는지 알 수가 없다[不知所云].' 다행히 내가 보건대 이런 글들은 갈수록 적어지고 있다. 왜냐하면 '옛 경전에 해박'하지만 현대의 불교학을 잘 모르는 이들 '불교학자'들이 스스로 '은퇴'할 시기를 아는 나이가 되었기 때문이다.

사상적인 불학 논저들은 연구용으로 저술되며 일반 독자들을 위한 것은 아니다. 당연히 그런 글들을 『서유기西遊記』나 『수호전水滸傳』처럼 써 달라고 요구할 수는 없다. 근대의 일본 불교계는 이미 서양철학의 용어들을 써서 불교사상을 표현하려고 시도하고 있지만, 모든 것을 서양화할 수는 없다. 그렇지 않으면 불교가 불교다운 면모를 잃고 더 이상 불교로 보이지 않을 수도 있다.

요컨대 불교를 전파하는 방식 면에서는 불교가 문예화와 대중화에 적극 찬성하지만, 그 사상적 이론들을 연구하는 면에서는 더욱 심오하고 정밀한 것을 추구하지 않을 수 없다. 그래서 우리는 물론 불교를 대중화해야 하지만, 그렇다고 불교 전적들이 이해하기 어렵다고 욕해서는 안 된다.

61. 불교도는 타종교 책을 보는 것이 금지되는가?

이것은 원칙적으로 금지되지 않을 뿐 아니라 권장되기까지 한다. 불교도들은 불교의 신앙이 이성에 부합한다고 믿기 때문에, 불교를 신앙하면서 불법을 상당한 정도로 이해하는 어떤 불교도도 다른 종교로 개종하는 것이 불가능하다. 그래서 이교도가 아무리 선전을 해도, 바른 믿음의 불교도에게는 그것이 하나의 시험은 될지언정 그의 신심을 동요시키지는 못할 것이다. 또 불교는 독단적인 신앙의 종교가 아니기 때문에, 다른 종교들의 가치를 부정하지 않는다. 불교는 세인들을 교화하는 방법을 오승五乘으로 나누는데, 인승人乘과 천승天乘이 오승의 기초이며, 모든 법문法門에 공통되는 법문이고, 모든 종교와 철학에 공통되는 선법善法이다. 따라서 불교는 모든 종교의 경전과 서적들에 대해―독단적이고, 미신적이고, 불합리한 부분을 제외하고는―모두 응분의 가치를 부여한다.

그런 한편 바른 믿음의 불교도는 불법의 전파자가 되어야 한다. 그리고 불법을 전파하는 기술로 말하면, 이교도들을 불교도로 개종시키거나 불교와 다른 종교 사이에서 배회하는 사람들을 교화하여 불교에 귀의시키기 위해서는 비교종교학 지식을 갖추는 것도 매우 중요하다. 만일 불교도가 다른 종교들에 대한 불교의 우월성을 이야기할 수 없다면, 어떻게 사람들을 설득하여 기꺼이 불교를 믿게 할 수 있겠는가? 그래서 이상적인 불교도는 어느 정도 타종교에 대한 지식을 갖추어야 한다.1)

물론 처음 불교를 믿기 시작한 사람은 타종교의 교리를 공부할 필요가 없다. 그래서 불교에서는, 불법을 공부하면서 남는 시간이 있으면 3분의 1 이내의 시간에 외서外書를 보아도 된다고 말한다. 그렇지 않고 불교 책을 읽을 틈도 없다면, 어떻게 타종교 책을 읽고 연구할 겨를이 있겠는가?

---

1) 『십송율十誦律』 卷三十八에서 부처님은 이렇게 말한다. "이제부터, 외도를 깨트리기 위해서는 외도의 책을 송독誦讀해도 좋다."(T23n1435_038_p0274b09~10).
  『근본설일체유부비나야잡사』에서는 부처님이 이렇게 말한다. "어리석고, 지혜가 적고, 분명하게 이해하지 못하는 사람은 외서外書를 공부하면 안 된다. 스스로 분명한 지혜가 있음을 알고, 들은 것이 많으며, 기억력이 뛰어나 능히 외도를 꺾을 수 있는 사람들만이 그런 책을 공부할 수 있다." "시간을 삼분三分하여, 2분의 시간에는 불경을 읽고, 1분의 시간에 외전外典을 공부하라." "하루 중 오전 시간과 낮과 오후 시간에는 불경을 읽어도 되고, 저녁이 되기를 기다려 외전을 펴야 한다."(T24n1451_006_p0232b04~13).

62. 불교는 이교도들을 죄인으로 보는가?

아니다. 불교가 불교 외의 모든 종교를 일률적으로 '외도外道'[1]라고 부르기는 하지만, 불교는 결코 다른 종교들의 가치를 부정하지 않는다. 불교는 앞의 글에서 간략히 말했듯이 종교적 수준을 '오승五乘', 곧 다섯 수준으로 나누는데, 이 오승은 모두 좋은 것이다. 낮은 수준인 인승人乘과 천승天乘은 아직 생사에서 해탈하지는 못하지만, 그래도 오계·십선을 행한다. 불교의 잣대로 가늠해 본다면, 불교 외의 모든 종교는 인승과 천승의 범주에 속한다. 그래서 만약 사람들이 인천人天의 선업을 닦는 노력을 한다면 당연히 그들을 죄인으로 볼 수 없다.

그래서 바른 믿음의 불교는 스스로 불교의 종교적 가치가 다른 종교들의 그것을 능가한다고 믿지만, 다른 종교의 종교적 가치를 경시하지 않는다. 만일 다른 종교를 믿는 사람들이 인천의 선업을 지으면서 건설적으로 행위한다면, 인간의 행복을 파괴하는 사람들에 비해 불교의 친구가 될 더 좋은 자격을 갖추고 있는 것이 아니겠는가?

그래서 불교가 다른 종교의 신도들에게 불교로 개종하라고 권하기는 해도, 불교는 종래 배타적 수단을 써서 다른 종교를 박해한 적이 없다. 이것은 2,500여 년의 세계 역사에서 분명한 답을 얻을 수 있다.

---

1) 이것은 그들이 안으로 마음을 밝히고 성품을 보는 것[明心見性]을 추구하지 않고, 밖으로 신이나 귀신들이 하사하는 것을 추구한다는 뜻이다.

63. 불교의 '고苦' 개념은 기독교의 '죄' 개념에 상당하는 것인가?

종교적 신앙심이 없는 보통의 학자들은 확실히 이와 같은 견해를 가질 수 있다. 그들은 불교든 기독교든 사람들에게 선善을 권장하는 것은 마찬가지라고 생각한다. 이렇게 사람들에게 선을 권장한다는 것을 기초로, 그들은 불교의 '고苦'와 기독교의 '죄'가 당연히 마찬가지 개념일 것으로 추론한다.

불교에서는 삼계三界의 생사가 고해苦海이고, 중생들이 경험하는 것은 고苦 아닌 것이 없다고 이야기하기 때문에, 수행의 목적은 고苦를 벗어나는 것이다. 기독교는 인류가 모두 죄인이라고 이야기한다. 왜냐하면 인류의 첫 번째 조상인 아담과 하와가 하느님의 경고를 귀담아 듣지 않고 에덴동산에 있는 선악의 지혜 나무에서 금단의 과실을 몰래 따먹었기 때문이라는 것이다. 그래서 인류는 생명과 지혜를 얻었지만 하느님에게 죄를 지었고, 하느님은 이를 벌하기 위해 아담과 하와의 후손들이 자자손손 모두 고통을 받게 했는데, 이것을 일러 인류의 첫 번째 조상으로부터 대대로 전해지는 '원죄'라고 한다. 기독교도들이 하느님을 신앙하는 이유는 하느님이 보낸 그의 독생자獨生子 예수가 십자가에서 '그를 믿는 사람들'의 죄를 대신 갚았다고 믿기 때문이다.

사실 불교에서 이야기하는 고苦와 기독교에서 말하는 죄는 서로 전혀 무관한 별개의 것이다. 불교의 고苦는 중생이 자신이 한 행위(업)로 인해 받게 되는 업보에서 비롯되고, 중생이 업을 짓는 것은 시작 없는 무명無明(무지)의 장애에서 비롯되며, 순전히 그 개인의 책임이다. 하느님과 아무 관계가 없고, 조상도 아무 관련이 없다. 중생은 무명에서 오는 미혹[惑]의 번뇌로 인해 생사의 업을 짓고, 생사의 업으로 인해 생사의 고苦를 받게 된다. 또 생사의 고苦 속에 있기 때문에 무명의 미혹이 더 깊어진다. 그래서 미혹에서 업業이 나오고, 업에서 고苦가 나오며, 고苦에서 미혹이 나온다. 미혹·업業·고苦 이 세 가지가 이어지면서 생사라는 하나의 끝없는 흐름이 만들어지고, 이것이 꼬리를 물며 반복되므로 끝날 기약이 없다. 미혹은 고苦의 씨앗이고, 업業은 그것을 성숙시키는 햇빛·공기·물이다. 고苦는 미혹과 업業이 만들어낸 열매인데, 이 열매가 맺혔을 때 참으로 고苦를 경험하게 된다. 그래서 불교에서는 생사의 이 흐름을 '고취苦趣(고품의 세계)' 혹은 '고해苦海'라고 부르고, 이 생사의 흐름을 초월하여 생사의 속박을 받지 않으려고 하는 것이다. 생사에서 자유롭고, 생사를 마음대로 하며, 나지도 않고 죽지도 않는, 해탈의 경지를 얻으려는 것이다.

그러나 불교도들은 해탈을 추구함에 있어, 결코 불보살의 구제에만 의존하지 않는다. 불보살은 우리에게 어떻게 하면 해탈하는지를 가르쳐 줄 수 있을 뿐, 우리의 해탈을 대신해 줄 수 없다. 이것이, 기독교에서 예수가 '그를 믿는 사람들'의 죄를 대신해서 갚아준다는 것과 근본적으로 다른 점이다. 왜냐하면 불교에서는 중생이 하느님의 징벌로 인해 죄를 얻었다는 것을 인정하지 않고, 특히 인류 조상의 죄가 후손들에게 상속된다는 것을 인정하지 않기 때문이다. 이것은 "죄는 처자식에게 미치지 않는다(罪不及妻孥)"는 격언과 마찬가지로 간단명료한 것이다. 하느님은 남의 죄를 대신 갚아줄 수 없는데, 이 또한 "내가 먹는 밥으로 네가 배부를 수 없다(我吃飯不能使你飽)"는 격언과 마찬가지로 간단명료한 것이다. 불교에서 고苦를 벗어나는 기본적인 방법은 계戒·정定·혜慧의 3무루학無漏學이다. 계戒란, 하지 말아야 하는 것은 하지 말고, 해야 하는 것은 하라는 것이다. 정定이란, 마음을 거두어들여 그것이 방일放逸하지 않게 하고 게으르지 않게 하는 것이다. 혜慧란 맑은 예지叡智(통찰력)이며, 방향을 분명하게 알고 노력·정진하는 것이다. 그래서 불교에서 고苦를 벗어나는 것은, 기독교에서 죄를 사해 달라고 하느님의 은총을 구하는 것과는 전혀 다르다.

여기서 말이 난 김에 말하지만, 많은 사람들은 불교가 고苦를 너무 중시하며, 지나치게 염세적인 태도를 가지고 있다고 생각한다. 왜냐하면 인류의 삶 속에는 물론 고苦가 있지만 즐거움도 있고, 생활환경이 만족스럽지 못하면 인간의 노력으로 그것을 개선할 수도 있기 때문이다. 그래서 어떤 사람들은 불교의 관점이 잘못되었다고 판단한다. 이 점에 대해서 보자면, 이번 생의 현실 인간의 입장에서 불교가 반드시 사람들에게 "모든 느낌이 다 고苦다(有受皆苦)"[1]라는 것을 인정하라는 것은 아니다. 불교에서 이야기하는 고苦는 부처님의 자비와 지혜의 관

---

1) T.『잡아함경』卷第十七(四七四)에서 부처님이 아난존자에게 "존재하는 모든 느낌은 다 고苦다(諸所有受悉皆是苦)"라고 말씀한다(T02n0099_017_p0121a27~28).

점에서 얻은 결론이며, 보통의 범부는 결코 부처가 아니기 때문에 그것을 체험적으로 통찰할 수 없다. 사람들이 성취한 수준이 서로 다르기 때문에 사실 무엇을 강요할 수가 없다. 생사의 흐름을 건너 저편에 가 있는 부처님이 생사의 흐름 속에 있는 중생들을 보면, 고苦가 있을 뿐 즐거움이라고는 없다. 설사 즐거움이 있다 하더라도 그것은 옴이 난 곳을 긁어 가려움을 해소하는 것과 같아서, 긁을 때는 시원하지만 긁고 나면 금방 괴로움이 찾아온다.

좌선을 지도하는 선사로서의 성엄 스님

64. 불교는 하느님의 존재를 믿는가?

'하느님'[上帝]이라는 단어의 정의는 매우 광범위하다. 종교상의 '하느님'도 있고 철학상의 '하느님'도 있다. 종교의 '하느님'들도 많고, 철학의 '하느님'들도 많다. 요컨대 어떤 입장에서 '하느님'을 보느냐에 따라 '하느님'은 그 입장이 필요로 하는 모습으로 변하게 된다.

어떤 기독교인들은 중국 유가儒家의 천天 혹은 상제上帝(하느님)가 기독교의 하느님과 같다고 말한다. 사실 유가의 상제는 철학적·범신론적 하느님이며, 사람들의 사랑을 받을 수 있을 뿐 그에게 사람들을 사랑해 달라고 요구할 수 없는 하느님이다. 그것은 소위 '불가지론자'들의 하느님과 비슷하다. 이에 반해 기독교의 하느님은 인격적인 신이고, 우주의 밖에 있는 창조주이며, 전능한 주재신主宰神이다.

우주의 기원에 관해서 보자면, 초기의 대다수 종교와 철학들은 우주가 신이 창조한 것이라고 믿었다. 그리스인들은 제우스를 신들의 우두머리로 삼았고, 로마인들은 주피터를 여러 신들의 우두머리로 삼았다. 고대 인도의 신들은 매우 복잡한데, 그들은 상대적인 지위를 늘 바꾸곤 했다. 원시 인도의 신은 댜우스(Dyaus)였는데, 그것은 그리스의 제우스, 로마의 주피터와 어원이 같다. 그러나 베다에서 신계神界의 가장 강력한 신은 바루나(Varuna)(사법신司法神)이다. 공계空界의 우두머리

신은 인드라(Indra)(천둥의 신)이고, 지계地界의 우두머리 신은 아그니(Agni)(불의 신), 지옥의 신은 야마왕(Lord Yama)이다(단, 야마왕은 천상에 거주한다). 그래서 고대 인도는 다신숭배에 가까웠다. 후대의 힌두교는 하느님, 곧 창조주를 대범천大梵天이라고도 하고, 대자재천大自在天이라고도 하고, 나라연천那羅延天이라고도 했다.1) 결국 이 신들은 삼위일체의 관념이 되어 대범천은 창조주, 나라연천은 유지주維持主, 대자재천은 파괴주破壞主가 되었지만, 사실 이것은 같은 신의 세 가지 면모일 뿐이다. 현재의 힌두교에서 숭배하는 암바(Amba)와 시바(Siva), 심지어 붓다까지도 그들에게는 하느님과 같은 의미이다. 스와미 다야난다는 그의 책 『진리의 빛(The Light of Truth)』에서 이렇게 쓰고 있다. "여기서 백 가지 내외의 하느님 이름을 설명했지만, 이 밖에도 더 많은 이름들이 있다."2)

중국 도교의 하느님은 옥황玉皇인데, 그는 유가儒家의 상제上帝, 기독교의 하느님, 힌두교의 하느님과 다르다. 불교의 우주론적 관점으로 보자면, 도교와 이슬람의 하느님은 불교의 도리천왕忉利天王과 같고, 기독교의 하느님은(모세로부터 예수, 사도 바울, 성 어거스틴에 이르기까지 몇 단계 상승했지만) 불교의 범천왕梵天王과 같다. 힌두교의 하

---

1) T. '대범천'은 브라마(Brahma), '대자재천'은 마헤스와라(Mahesvara-시바), 나라연천은 나라야나(Narayana-비슈누)이다. 이 중에서 브라마는 다른 두 신보다 격이 낮다.
2) 周祥光譯, 『眞理之光』, 22쪽.
  인순법사印順法師는 인도의 '부처'와 '브라만' 개념의 융합에 대해 이렇게 쓰고 있다. "불교는 처음 세 베다(三明, trayividya)(『리그베다』, 『사마베다』, 『야주르베다』)의 철학적 원리를 융섭融攝했을 뿐만 아니라 『아타르바베다(Atharva Veda)』의 비밀스러운 주문[秘呪]도 융섭했다. 베단타 학자들도 부처를 그들의 브라만 개념에 녹여 넣어, 석가모니를 신의 한 화신으로 만들었다."(印順法師, 『印度之佛敎』, 207쪽).

느님은 불교의 대자재천왕大自在天王과 같다.3) 도리천忉利天은 욕계의 제2천으로 인간계와 가장 가깝고, 범천梵天은 색계의 초선천初禪天이며, 대자재천大自在天은 색계에서 가장 높은 천(色究竟天)이다. 이것은 근거 없는 비교가 아니지만, 지면의 한계상 여기서 상세히 분석하여 소개할 수가 없다. 이 문제에 관심이 있는 분들은 여러 종교의 신 개념을 불교의 3계 28천의 경계와 대조해 보면 일목요연하게 이해될 것이며, 그 또한 흥미로운 작업일 것이다.

각 하늘[天]의 주신들[天主]은 모두 약간씩 교만한 습기習氣가 있기 때문에, 자신의 권속과 신민臣民들에게 자기야말로 유일무이한 조물주 혹은 주재신이라고 말하기 좋아한다. 이는 인간 세상의(고대 중국의) 군주가 흔히 자기를 '과인寡人'(덕이 적은 사람)이라 칭하면서도, 자기 외에는 천하에 자기보다 더 큰 왕이 없다고 생각하는 것과 비슷하다. 예컨대 진시황은 스스로 "덕은 삼황을 뛰어넘고, 공적은 오제를 덮는다(德過三皇 功蓋五帝)"고 생각했고, 자신을 네 번째 '삼황'이자 여섯 번째 '오제'로 간주하여 스스로를 '시황제始皇帝', 곧 최초의 황제라고 불렀다. 이것은 각 하늘의 주신이 자신을 유일무이한 조물주라고 칭하는 것과 같은 태도에서 나온 것이다. 그들 중 어떤 이들은 심지어 부처님에게도 허풍을 떨었다.4) 사실 그들이 언제 참으로 우주의 창조주였던 적이 있겠는가? 우주는 본래 어느 한 신의 힘으로 창조할 수 없는 것이다. 우주는 중생들의 업력에 의해, 무수한 인연으로 형성된다.

---

3) T. '마헤스와라'는 '대자재천'으로 번역되므로 시바를 색계의 최고신인 대자재천왕으로 보았다. 시바와 동급인 비슈누('나라연천')도 대자재천으로 볼 수 있다.
4) 『잡아함경』卷第四十四(一一九五)(一一九六). T02n0099_044_p0324b03~p0325b01.

이로써 본다면, 불교는 확실히 하느님의 존재를 인정하지만, 하느님을 우주의 창조주로 인정하지는 않는다. 철학상의 하느님들에 대해서 보자면, 그것은 가정과 추론에 기초한 이론적 관념일 뿐 경험적으로 검증할 수 없기 때문에 불교는 그들의 존재를 믿지 않는다.

어떤 유신론자들은 "하느님은 나쁜 사람을 벌하고 착한 사람에게 상을 주는 권능이 있는데, 불교도들은 하느님이 두렵지 않은가?"라고 말하고 싶을지 모른다.

그렇다. 불교도들은 하느님을 아예 숭배하지 않기 때문에, 당연히 그를 두려워하지도 않는다. 불교도들은 28개 하늘의 주신인 하느님들을 포함한 삼계三界 내의 모든 선신善神들이 불법을 신봉하고, 불법을 옹호한다고 믿는다. 불교도들은 그들을 마치 군사기지의 직원들이 기지의 문들을 지키는 위병衛兵 보듯이 본다. 위병들은 문의 출입을 단속할 권한이 있어서, 수상한 사람은 정지시키고 심문할 것이다. 규칙을 잘 지키는 기지 직원이라면 위병들을 왜 두려워하겠는가?

불교는 어떤 하느님도 만물을 창조할 능력을 가졌다고 보지 않으며, 하느님이 중생들의 길흉화복을 주재할 권능이 있다고 인정하지 않는다. 불교는 하느님들도 육도중생의 하나일 뿐이라고 본다. 그러나 그들은 과거세에 닦은 선업 때문에 천상에서 즐거움을 누리며 살고 있다. 그들이 인간들의 길흉화복에 다소 영향력을 가졌을 수는 있겠지만, 그 또한 궁극적으로 인간들 자신의 업에 따른 결과이다. 소위 "스스로를 돕는 사람은 남들의 도움을 받는다", "스스로를 욕되게 하는 사람은 남들이 그를 욕되게 한다"는 말이 바로 이런 도리이다.

65. 불교가 중국에 기여한 것은 무엇인가?

사상이 편협한 일부 유가儒家 학자들은 오늘날까지도 눈을 질끈 감은 채 목이 쉴 정도로 불교를 크게 욕하고 있다. 그러나 사실 아주 최근에 해외에서 도입된 것을 제외하면, 중국문화의 거의 모든 측면에 불교적 색채가 스며들지 않은 것이 없다.

문학적인 면에서는 불전 번역이 중국문학에 일대 혁명을 자극했다. 시문詩文의 새로운 주제에서부터 문체에 이르기까지, 위진 남북조魏晉南北朝 시대(220-589)에 이미 새로운 양상이 일어났다. 육조시대六朝時代 (229-589)[1])에는 (화엄자모華嚴字母[2])를 번역할 때와 같이) 범어의 병음拼音 표기가 중국문자의 반절反切[3]) 체계가 발전하도록 자극했고, 이 반절에서 사성四聲이 나왔다. 그리고 사성을 가지고 5언시五言詩와 7언시七言詩를 짓던 방식이 더 세련되어 율절律絶[4])이 나왔다. 중국인들은 글을 지으려면 많이 읽고 많이 보라고 늘 권장해 왔는데, 소위 "책 만 권을 독파하면 글이 신들린 듯 써진다(讀破萬卷書, 下筆如有神)"[5])거나,

---

1) T. 위진남북조 시대와 거의 같은 시대. 위진남북조 시대는 위衛나라(220년 건국)부터, 육조시대는 오吳나라(229년 건국)부터 기산한다.
2) T. 고대인도의 간다라 등지와 중앙아시아에서 쓰이던, 42개의 '아라빠짜나(arapacana)' 자모로 이루어진 카로슈티(Kharosthi) 문자.
3) T. 한자의 음을 보여주기 위해 다른 한자들을 가져와 표기하는 방식.
4) T. 중국의 한시 형태 중 율시律詩에서 나온 평운平韻의 절구絶句를 '律絶'이라고 한다.
5) T. 두보杜甫(712-770)의 시「善奉贈韋左丞丈二十二韻」에 나오는 구절.

"당시唐詩 3백 수首를 숙독하면 시 짓는 법을 몰라도 시를 읊게 된다(熟讀唐詩三百首, 不會作詩也會吟)"는 식이었다. 왜냐하면 중국에는 문법이라고 할 것이 없었기 때문이다. 그러나 당나라 때 인도에서 온 불전이 대거 번역되었고, 인도의 문법도 수입되었다. 예컨대 불전에서 논의되는 '육리합석六離合釋'(복합어를 분석하는 여섯 가지 방식)은 범어 문법의 일종이다. 오늘날 많은 사람들은 마건충馬建忠의 『문통文通』6)이 최초의 중국어 문법서라고 생각하지만, 실은 당나라 때 이미 중국에 문법학이 있었으나 단지 민간에서 보편적으로 쓰이지 않았을 뿐이다. 또한 중국 문학사에서 문체와 작법作法, 그리고 문학평론에 대한 불후의 명저인 『문심조룡文心雕龍』으로 말하면, 저자인 유협劉勰(법명 혜지慧地)이 사찰에서 자란 사람으로 만년에는 출가했고, 그의 이 책은 불교문학에서 많은 영향과 영감을 받았다.7)

당대唐代 이후에 이르면 사실적이면서 읽기 쉬운 문체의 글들이 많이 나왔는데, 이는 불교문학의 영향을 받은 것이었다. 수隋·당대에서 송대宋代에 걸쳐 출현한 '탄사소설彈詞小說'이나 '평화平話'8)도 불교권에서 쓰던 '변문變文'9)의 영향을 받았다. 백락천白樂天(772-846)·소동파蘇

---

6) T. 청나라 말기의 언어학자(1845-1900). 유럽에서 공부하고 돌아와서 이 문법서를 썼다. 10권으로 된 『문통』은 나중에 『속수사고전서續修四庫全書』에 편입되었다.
7) 『불조통기』에 따르면, 통사사인通事舍人(왕의 비서)이던 유협은 소명태자昭明太子(501-531)가 중시하던 사람이었다. 태자는 그에게 사찰, 불탑, 비석의 모든 기념사를 짓게 했다(그런 석성, 석상, 비석들 중 일부는 지금도 현존한다). 대동大同 4년(538)에 유협은 출가하겠다는 청을 했고, 무제武帝는 그에게 '慧地'라는 법명을 내렸다. (『불조통기』 권37. T49n2035_037_p0351a27~29).
8) T. '탄사'는 운문체의 창唱과 산문체 사설을 섞어 이야기를 들려주는 구전문학이며, 탄사형식으로 소설을 묘사한 것이 '탄사소설'이다. '평화'는 사설로만 이루어진 구전문학이다.
9) T. 승려들이 불교를 대중에게 쉽게 전달하려고 불경을 각색하여 만든 구전문학. 산문과 운문이 혼재된 형태이며, 나중에는 민간의 전승담들까지 다양하게 변문으로 만들어졌다.

東坡(1038-1101) 등의 속어체에 가까운 당송시唐宋詩들은 선종禪宗의 '송고頌古'와, 심오한 내용을 쉽게 표현한 한산寒山·습득拾得의 신시新詩에 영향 받아서 나왔다. 나아가 양계초(량치차오)梁啓超(1873-1929) 선생은 중국 고시古詩들 중에서 가장 긴 작품인 「공작동남비孔雀東南飛」10)가 마명대사馬鳴大師가 지은 『불소행찬佛所行讚』의 영향을 받은 것이라고 말하기도 했다. 당대唐代 선종의 여러 대사大師들은 구어체를 사용해 불법의 요의要義를 설명하는 어록을 만들었는데, 송·명대의 신유학자들이 산출한 어록들도 선종의 필법筆法을 본뜬 것이었다. 명·청대의 소설은 평화平話와 그 문체로 쓰인 단편소설[擬平話]에서 발전한 것이다. 소설에서 '유시위증有詩爲證', 곧 산문이 나온 뒤에 운문으로 그것을 요약하는 방식과, 탄사彈詞에서 설백說白과 창문唱文11)을 혼합·병용하는 방식은 분명히 불경에서 '장행長行'(경문 중 산문 부분)과 '게송偈頌'을 병용한 데서 영감을 받은 것이다. 그리고 불전 번역은 중국어에 3만 5천 개의 신어新語를 더 늘려 주었다.

  예술 방면에서는 위魏·진晉의 불교건축이 중국의 건축 형태에 계속 영향을 미쳤다. 불교건축은 근세 서양의 건축만큼 실용적이지는 않지만, 불경에 나오는 천궁天宮과 불국정토의 아름다움과 장엄함을 묘사하기 위한 예술적 표현이 풍부하다. 건축물의 배치·장식·장엄·위용에는 모두 원시 인도불교의 특색이 있다. 또 불교에서 도입한 불탑건축도 중국 건축을 진일보시켜 새로운 이정표를 개척했다. 불교가 중

---

10) T. 3~5세기에 지어진 장시長詩.
11) T. '唱文'은 창창으로 노래하는 운문체 부분이고, '說白'을 그것을 제외한 나머지 산문체 사설을 가리킨다.

국에 전해진 이후로 중국의 소상塑像 예술도 발전했다. 그 이전 중국에서는 소상을 만드는 기술이 없었다. 당나라 때의 불교 소상(흙으로 인물의 모습을 빚어 만든 상)들은 아름답기 그지없으며, 일찍이 한 시대를 풍미했다. 수십 년 전 어떤 일본인들이 쑤저우蘇州의 어느 절에서 당나라 때의 소벽塑壁을 발견했는데,12) 채원배(차이위안페이)蔡元培13)가 정부에 그 보존을 신청했다. 뤄양洛陽의 용문석굴龍門石窟과 따퉁大同 운강석굴雲崗石窟의 위대한 불교 조각은 그 거대한 규모와 정교하기 이를 데 없는 솜씨, 하나같이 날아갈 듯하고 살아 있는 듯이 생동감이 있다. 이것들은 중국예술의 보고寶庫일 뿐만 아니라, 세계적인 예술적 걸작이다. 회화에서는 둔황 막고굴莫高窟의 벽화들이 세계적으로 유명하다. 막대원(모다위안)莫大元 선생은 이렇게 말한다. "운강석실과 둔황석실·용문석실은 중국 북방의 3대 불교미술전시관과 같다." 또 이렇게 말한다. "후한後漢 이래 불교가 수입되면서 중국의 미술은 귀족미술에서 종교미술로 일변했다. 건축은 궁전과 누대樓臺에서 사원과 탑파塔婆로 바뀌고, 회화와 조소彫塑는 군신君臣의 초상에서 불보살상像으로 대체되었으며, 공예는 기명器皿(그릇류)과 복식服飾에서 종교적인 불교 용구들[佛物法器]로 달라졌다. 이런 예술 형태가 후한 이래 지금까지 이어져 … 중국문화사에서 실로 극히 중요한 지위를 점하고 있다."14) 많은 불교 비석들이 보존되면서 중국 서예의 값을 따질 수 없는 보물들, 수많은 명필의 작품들이 불교의 전파와 함께 민간에 널리 보급되었다.

---

12) *T.* 쑤저우의 保聖寺에서 당나라 때 나한상들을 벽면에 붙여 조성한 벽이 발견되었다.
13) *T.* 중국의 교육가, 신문화운동가(1868-1940).
14) 莫大元, 『中國佛敎美術』 참조.

'어산범패魚山梵唄'는 인도 불교음악의 영향을 받은 중국음악이다. 둔황 석실의 발견 이후, 우리는 풍도馮道(882-954)15)의 인쇄술 발명 이전에 수隋·당唐 시대의 불교도들이 이미 목판 인쇄물을 널리 보급했음을 알게 되었다.

과학 방면에서는, 불교가 중국에 들어오기 전에 이미 등석鄧析·혜시惠施·묵자·순자 등의 유사논리학(명학名學)이 있었지만, 중국에서 본격적인 논리학이 나온 것은 불교의 인명학因明學(불교논리학)이 들어온 뒤부터였다. 또 중국은 당나라에서 명나라에 이르기까지 일행선사一行禪師가 만든 역법을 사용했는데, 그것은 인도의 천문학에 근거해서 나온 것이었다.16)

철학과 종교 방면에서는, 불교가 처음 중국에 들어왔을 때 도교의 저항이 심했다. 그러나 위진魏晉 시대에 이르러서는 불학佛學을 이야기하면서 노장老莊을 인용하거나, 노장을 이야기하면서 불경을 인용하는 사람이 많아졌다. 그 이후로 도교의 경전들이 갈수록 완비되었는데, 그 내용의 많은 것을 불교에서 가져왔다. 예컨대 도교는 지옥과 염라대왕의 관념을 기꺼이 수용하여 활용했다. 불교가 들어오기 전에는 중국에 염라대왕이라는 관념이 없었다. 송나라 때의 전진교全眞敎는 본래 '불교화'된 도교이고, 송·원·명대에 유가儒家의 이학理學(송명리학=성리학)이 출현했는데, 이것은 기본적으로 '선화禪化'된 유교이다. 그들은 자신들의 유교적 견해에 편협하게 집착해 불교를 배척했지만, 실은 그들은

---

15) *T.* 후당後唐(923-935)의 재상을 지낸 사람. 대규모로 9경經의 간행 사업을 했다.
16) *T.* 수학자이자 천문학자이기도 했던 밀교승 일행一行(682-727)은 대연력大衍曆을 만들었다(728년). 그 후 원나라 때 더 정확한 역법인 만세력萬歲曆이 전해졌다(1267년).

"좌선 자리에 앉아 선을 욕한(坐在禪床上罵禪)" 것이다. 선종은 불교의 한 갈래일 뿐이지만, 송·명대의 이학가理學家(성리학자)들은 선종의 법문을 겉핥기로 맛보았을 뿐 감히 깊이 들어가지 못했다. 깊이 들어갔다가는 자신의 입장을 상실할 것이 두려웠기 때문이다. 주희朱熹는 불전을 많이 본 편이었는데, 그도 그런 경험을 했다. 근세 이후의 중국 사상가들 중에서 강유위(캉유웨이)康有爲·담사동(탄스퉁)譚嗣同17)·장병린(장빙린)章炳麟18)·양계초·후스胡適·양수명(량슈밍)梁漱溟19) 등은 불교를 신앙하지 않았지만, 모두 불교사상에서 영감을 받았다. 1964년 6-8월, 하와이에서 열린 제4차 동서양철학자회의에서는 중국의 방동미(팡둥메이)方東美20)가 대승불교의 정신과 불교가 건립하려는 종교적 세계에 관해 연설했다. 역사가 전목(치앤무)錢穆21)은 불교에 대해 지극한 존경심을 품고 있고, 철학자 당군의(탕쥔이)唐君毅는 자신이『원각경』등에서 많은 영감을 받았다고 말한다. 이것을 볼 때, 불교는 과거에도 중국에 많은 공헌을 했고, 현재에도 그러하며, 미래에도 분명히 그럴 것임을 알 수 있다. 사실 불교는 중국에 대해서만 그런 것이 아니라 전 인류에게도 그와 같이 공헌해 왔다!

민간의 풍속 면에서 보자면, 중국에 원래 존재해 온 유가儒家 사상은 현세적 삶을 잘 살아가는 것을 중시하며, 태어나기 전과 죽은 뒤

---

17) T. 청나라 말의 사상가·개혁가(1865-1898).『仁學』이라는 저서가 있다.
18) T. 중국의 사상가·문헌학자·혁명가(1869-1936). 많은 저서가 있다.
19) T. 중국의 철학자(1893-1988).『동서문화와 그 철학』이라는 저서가 있다.
20) T. 중국의 철학자(1899-1977). 미국에 유학하여 철학을 공부하고, 난징의 국립중앙대학에서 가르쳤다. 1948년 대만으로 건너가 국립대만대학 교수를 역임했으며, 신유학의 확립에 힘썼다.『중국철학의 정신과 그 발전』,『대승불교철학』등 다수의 저서가 있다.
21) T. 본토 출신의 대만 역사가·유학자(1895-1990).

의 문제를 탐구할 겨를이 없다. 그래서 공자는 "삶도 모르는데 어찌 죽음을 알겠는가?(昧知生, 焉知死)"라고 하면서, 태어나기 전과 죽은 뒤의 상태와, 우주의 본체에 관한 문제는 논의하지 않는다. 그래서 『논어』에서는 "신에게 제사 지낼 때는 신이 있는 것처럼 하라(祭神如神在)"고 말한다. 선악에 대한 보상과 징벌 문제를 이야기하기는 하나, 그것이 후대의 자손들에게 미칠 영향의 견지에서만 논의된다. 『역경』에서 "선을 쌓은 집안에는 반드시 좋은 일들이 있고, 불선을 쌓은 집안에는 반드시 재앙이 있게 된다(積善之家必有餘慶, 積不善之家必有餘殃)"고 하는 것이 바로 그런 관념을 이야기한다. 그러나 현실 역사상, 자신의 행위가 후손에게 과보를 안겨주기를 바란다는 것은 믿을 것이 못 된다. 그래서 불교가 들어온 뒤에는 "외 심은 데 외 나고, 콩 심은 데 콩 난다(種瓜得瓜, 種豆得豆)"는 인과 관념이 중국인들에게 새로운 강력한 희망을 안겨주게 되었다. 불교는 생사윤회의 문제와 선악업보의 문제를 제시하면서, 일체의 행위에 대해 우리 각자에게 책임이 있으며, 선한 과보도 우리 자신의 것이고, 악한 과보도 우리 자신의 것임을 알려준다. 금생에 그 과보가 나타나지 않는다면 내생에는 반드시 닥쳐올 것이다. 이런 관념은 사람들에게 적극적으로 악을 멀리하도록 권장했다. 이 관념이 천 수백 년이 넘도록 중국인들의 마음자세와 사회의 안정에 미친 영향은 이루 헤아릴 수 없이 크고도 깊다.

66. 불교의 진리는 무엇인가?

『유가사지론瑜伽師地論』「진실의품眞實義品」에서는 진리를 '진실'이라고 부르는데, 크게 넷으로 나누어 '네 가지 진실[四種眞實]'이라고 한다.[1]

1. 세간에서 널리 인정되는 진실[世間極成眞實] — 이것은 세인들과 관습을 따르는 상식적 진실을 가리킨다. 이것은 다시 두 종류로 나뉘는데, (1) 세간의 인간 아닌 존재들이 생각하는 진실과, (2) 세간의 인간들이 자연히, 습관 속에서 환적으로 이해하는 진실이 그것이다.

2. 탐구의 결과로 널리 인정되는 진실[道理極成眞實] — 이것은 학자들이 연구와 추론에서 얻은 학적인 진실을 가리킨다. 이것은 다시 네 가지로 나뉘는데, (1) 과학자들이 실험으로 얻은 진실, (2) 철학자들이 사변(지적 탐구)으로 얻은 진실, (3) 종교가들이 신과 계합된 신앙 속에서 얻은 진실, 그리고 (4) 마음을 닦는 사람들이 정좌靜坐 수양으로 얻는 진실이 그것이다.[2]

3. 번뇌장이 정화된 지혜의 진실[煩惱障淨智所行眞實] — 이것은 세간을 벗어난 성자가 해탈지解脫智로써 증득한 진실을 가리킨다. 이것

---

1) T. 『瑜伽師地論』 卷第三十六 '眞實義品', T30n1579_036_p0486b12 이하. 『顯揚聖敎論』 卷第六에도 같은 분류가 나온다. T31n1602_006_p0507b09 이하 참조.
2) T. '世間極成眞實'과 '道理極成眞實'에서 '極成(prasiddha)'은 '잘 알려진, 널리 인정된, 확립된'의 의미이다. 『顯揚聖敎論』에서는 '世間眞實', '道理眞實'로만 옮기고 있다.

은 다시 두 종류로 나뉘는데, (1) 소승의 성자인 성문과 연각이 깨달은 아공我空의 진실과, (2) 대승의 성자가 깨달은 부분적인 아공我空의 진실이 그것이다.

4. 소지장이 정화된 지혜의 진실[所知障淨智所行眞實] — 이것은 대승 성자가 정변지각正遍知覺으로 증득한 법공法空의 진실을 가리킨다. 이것은 다시 두 종류로 나뉘는데, (1) 보살이 부분적으로 깨달은 법공法空의 진실과, (2) 부처가 완전히 깨달은 법공의 진실이 그것이다.

불교도들은 남의 진리를 결코 독단적으로, 함부로 부정하지 않는다. 다만 각종 진리를 종류별·등급별로 나누어 적절한 위치에 두고 각각에 응분의 가치를 부여한다. 어떤 외도의 유신론 종교는 그들 자신의 신앙과 다른 모든 것의 가치를 말살하면서 거기에 '마귀'라는 딱지를 붙이지만, 불교는 결코 그와 같은 독단을 자행하지 않을 것이다. 불교도들의 안목에서는 위에서 든 네 종류의 진실을 다 진리로 받아들일 수 있다. 다만 그 수준의 고하와 가치의 경중을 분별할 뿐이다.

사실 세간에서 진리라고 하는 것 중에서 시험을 가장 견디지 못하는 것은 상식적 진리이다. 고대의 상식적 진리가 후대에 와서는 우스갯소리가 된 것이 많고, 어느 곳에서 사람들이 상식이라고 믿는 것이 다른 곳에서는 흥밋거리 이야기가 되기 일쑤다. 여러 분야의 학도들이 발견한 진리가—그것이 실험에서 얻은 것이든, 추론에서 얻은 것이든, 신과 계합한 신비 체험에서 얻은 것이든, 몸과 마음을 수련하고 호흡을 고르고 정좌하여 얻은 것이든—어느 정도는 진리일 수 있지만, 그것은 늘 일시적이고, 환적幻的이고, 부분적이며, 잠정적인 것이지 영구불변한 것이 아니다.

불교의 진리는 아공我空과 법공法空을 깨달은 뒤에 얻는 결과이다. 아공我空을 깨달으면 번뇌장煩惱障이 끊어지고, 법공法空을 깨달으면 소지장所知障이 끊어진다. 아공을 깨달은 뒤에는 생사에서 해탈하고, 법공을 깨달은 뒤에는 열반에 머무르지 않는다.『금강경』에서 "아상이 없고, 인상이 없고, 중생상이 없고, 수자상이 없다(無我相 無人相 無衆生相 無壽者相)"고 하는 것은 곧 아공의 경계를 설명하고, "번뇌가 보리菩提(바른 깨달음)이고, 생사가 열반(적멸寂滅)"[3]이라고 하는 것은 법공의 경계를 설명하는 것이다. 공空도 아니고 유有도 아니어서 양변兩邊에 떨어지지 않는 중도中道의 묘리妙理는 법공을 증득한 사람만이 스스로 실증할 수 있다.

불교의 최후 진리—두 가지 공[二空]을 증득한 궁극적 진리—는 세간법(세간 현상들) 속에 있지 않고 어떤 이름으로 묘사할 수도 없다. 이른바 "명칭과 언어 표현을 떠나 있고, 인식 대상을 떠나 있다(離名言相, 離心緣相)"[4]는 것이 궁극적 진리이지만, 억지로 그에 명칭을 붙여 보면 '일진법계—眞法界'나 '진여이체眞如理體'라고 한다. 불교의 궁극적 진리는 이름 붙이거나 모양 지을 수 없으나, 그것은 결코 세간의 온갖 현상을 떠나 있지 않다. 세간의 온갖 현상 하나하나가 다 궁극적 진리의 일부분이다. 그래서 선종의 혜능대사는 "불법은 세간에 있으니, 세간을 떠나서 깨닫는 것이 아니네. 세간을 떠나서 보리菩提를 찾는다

---

3) T. 중국불교의 주소註疏 문헌들에서 흔히 보이는 표현이다.
4) T.『대승기신론』에서 "離言說相, 離名字相, 離心緣相"(T32n1666_p0576a12~13)이라고 하였다.

면, 토끼의 뿔을 찾는 것과 같네(佛法在世間 不離世間覺, 離世覓菩提 恰如求兔角)"라고 했다.5) 불교에서 공空을 이야기하는 목적은 아집我執의 번뇌장과 법집法執의 소지장을 비워 내기 위한 것이지, 결코 세간의 온갖 현상들을 부정하려는 것이 아니다. 불교의 진리는 '깨달음[覺]'에 있다. 스스로 깨달아야만 생사를 요달[了生死]할 수 있고, 스스로 깨닫고 남들을 깨닫게 해야만[自覺覺他] 중생을 제도할 수 있으며, 깨달음의 행이 완전해야만[覺行圓滿] 부처가 될 수 있다.

---

5) T.『육조단경』, 제2장. T48n2008_001_p0351c09~10.

67. 화상·니고尼姑·거사란 무엇인가?

화상和尚·니고尼姑(여승)·거사居士라는 이 세 가지 명칭은 매우 일반적으로 쓰이는 단어이지만, 그 본래 뜻을 분명하게 아는 사람은 별로 많지 않은 듯하다.

'화상'이라는 말은 중국인들의 관념상 출가인의 신분이라는 말과 같다. "위로는 군왕君王과 자리를 같이하고, 아래로는 거지와 함께 다닌다"고 하듯이, 화상은 존귀하면서도 비천한 신분이다. 대총림大叢林 절의 주지(우리나라의 조실)는 방장 화상으로 불리고 어느 정도 존엄하지만, 무지한 시골사람들은 아들을 낳으면 키우지 못할까 두려워 '화상'이라는 이름을 붙여준다. 화상이라는 말이 어중이떠중이와 같은 급이니, 얼마나 하천下賤한 것인가!

'화상和尚'의 의미는 무엇인가? 일반인들의 해석은 '화합승 중에서 최상(和中最上)'이라거나 아니면 '화합을 숭상함(以和爲尚)'이라는 것이다. 불교의 출가인은 '육화경六和敬'의 승단 생활을 해야 한다. 즉, 계를 함께하여 같이 닦고(戒和同修), 견해를 함께하여 같이 이해하고(見和同解), 이익을 함께하여 평등하게 나누며(利和同均), 몸을 함께하여 같이 살고(身和同住), 입을 함께하여 다툼이 없고(口和無諍), 뜻을 함께하여 같이 기뻐해야(意和同悅) 하는데, 이것을 '육화경'이라고 한다. 그래서 그들의 해석도 일리가 있는 것처럼 보인다.

그러나 우리가 근원을 추구하여 '화상'의 출발점을 밝혀내면 위의 해석은 건드릴 것도 없이 스스로 무너진다.

화상이라는 말은 순전히 서역어를 음사한 데서 왔다. 인도에서는 세속의 유식한 학자를 흔히 '오사烏邪(Upādhyāya)'라고 불렀다. 이것이 우전국于闐國에 와서 화사和社 혹은 화사和闍(Khosha)가 되고, 중국에 와서 음역되어 화상이 된 것이다.1)

그래서 화상이라는 말은 불교만 쓰는 단어는 아니지만, 불교에는 그 근거가 확실히 있음을 알 수 있다. 불교의 율장에서는 머리를 깎아준 스승[剃度師]과 전계사傳戒師를 우파다야鄔波馱耶(Upādhyāya), 곧 화사和闍라는 단어로 불렀다. 이것이 근거가 되어 한문으로 와전된 것이 '화상'이라는 단어인데, 한문에서 가장 먼저 쓰인 예는 아마도 석륵石勒2)이 불도징佛圖澄3)을 숭앙하여 불도징을 '대화상大和尙'이라고 부른 경우일 것이다.

그러나 율律 가운데서는 화상을 쓰지 않는 경우가 많았고, '화상'은 세간에서 따로 와전되었다. 우파다야의 원래 뜻에 따르면 그것을 친교사親敎師로 번역해야 한다. 비구계를 받은 지 10년 이상이 되고, 비구와 비구니의 2부 대율大律을 숙지한 뒤라야 남의 머리를 깎아주고, 남

---

1) 『남해기귀내법전南海寄歸內法傳』과 『비장기본비장기본秘藏記本』을 보라. 그래서 인도의 외도들도 화상과 화상니和尙尼가 있다(『잡아함경』 卷第九 第二五三, 二五五經 등. T02n0099_p0061c11, _p0061c21, 0063c22, 0063c26).

T. 위 『잡아함경』에는 '和上'으로 나오는데, 이는 '和尙'과 동일한 것이다.
2) T. 오호십육국 중 하나인 후조後趙의 창건자(274-333).
3) T. 후조 시대에 활약한 서역승(232-348). 석륵과 그 조카 석호의 귀의를 받아 화북지방에서 불교를 크게 발전시켰다.

에게 계戒를 주며, 우파댜야로 불릴 자격이 있기 때문이다. 이것은 인도에서 유식한 학자를 속칭 '오사'라고 부른 것과 다른 것은 물론이고, 중국에서 와전된 화상과는 더욱 다르다. 중국에서는 노승을 노화상, 어린 사미를 소화상小和尙이라고 하는가 하면, 어중이떠중이도 크게 보이지 않을까 두려워 화상이라는 이름을 붙일 수 있었으니 말이다.

불교의 계율에 따르면 처음 출가했을 때는 사미沙彌로 불리고(사미는 '열심히 노력함', '악을 그치고 자비로움을 행함'의 의미이다), 만 20세가 되면 비구계를 받고 비구比丘로 불린다(비구는 '걸사乞士', 곧 위로는 불법을 구하고 아래로는 음식을 구하는 사람이라는 뜻이다. 중국인들은 이를 잘못 해석하여 "덕이 공구(공자)에 비견되고, 그래서 비구라고 한다(德比孔丘, 故稱比丘)"고 하는데, 우스운 이야기이다.) 비구계를 받고 5년 이내에는 출가한 사람의 선생이 될 수 없다. 5년이 지난 뒤에 만약 계율을 두루 잘 이해하면 비로소 자신이 배운 전문 분야의 선생이 될 수 있는데, 이를 궤범사軌範師라고 한다. 범어로는 아사리야 阿闍梨耶(acharya)인데, 남들이 의지하여 배우는 선생으로서 사람들에게 송경을 가르칠 수 있다. 10년이 지나면 친교사親敎師(화상)가 될 수 있고, 20년이 지난 뒤에는 상좌上座라고 불린다. 50년 이상이 되면 기숙장로耆宿長老라고 불린다.

그래서 중국에서 '화상'이라는 단어를 사용하는 방식은 이것도 저것도 아니고, 불법에 맞지도 않다는 것을 알 수 있다.

'니고尼姑'라는 말도 중국인들의 속칭이며, 결코 불법에 합당한 것은 아니다. 소위 '니고'란 불교의 출가한 여성을 가리킨다.

본래 인도에서 '니(ni)'라는 접미어는 여성을 나타내고, 존귀하다는 의미를 갖지만, 불교의 출가한 여성에게만 국한되어 쓰이지는 않는다. 불교의 출가한 여성은 어릴 때는 사미니, 크면 비구니인데, 이는 여사미女沙彌, 여비구女比丘라는 뜻이다.

중국에서는 시집을 가지 않은 처녀를 '고姑'라고 부른다. 그래서 불교의 사미니와 비구니를 니고尼姑라고 불렀는데, 모욕적 의미는 없다. 그래서 『전등록傳燈錄』에서 "불문의 대덕들은 여자 스님을 니고라고 부른다"고 했다. 그러나 명나라 때 도종의陶宗儀4)의 『철경록輟耕錄』에서는 니고를 삼고육파三姑六婆5)의 하나로 들고 있는데, 그것은 멸시의 의미가 있는 것이다. 그래서 근년에 비구니 자매들은 사람들이 면전에서 그들을 '니고'라고 부르는 것을 달가워하지 않는다.

범어에서 '니'는 여성을 뜻하는 말인데, 거기에 '고'자를 덧붙여 '니고'가 되었으니 말의 뜻이 통하지 않는다. 여성을 남성과 구별하여 '여고'가 있다고 해서 '남고'도 있는 건 아니지 않는가? 만일 여승을 꼭 '니고尼姑'라고 부르고 싶다면, 평등하게 여도사는 '도고道姑'라고 부르고, 점치는 여자[打卦女]는 '괘고卦姑'라고 불러야 하며, 여비구는 마땅히 '불고佛姑'라고 불러야 할 것이다. 또한 기독교(야소교)의 여자 수사修士는 '야고耶姑'라고 불러야 한다. 그렇지 않으면 불공평하다는 혐의를

---

4) T. 원말명초의 문예학자(1329-1410). 호는 남촌南村. 농사를 지으면서 사람들을 가르치고 틈틈이 글을 썼다. 『서사회요書史會要』, 『설부說郛』 등의 책을 지었고, 제자들이 모아서 편집한 그의 수필집이 『남촌철경록南村輟耕錄』이다.
5) T. 『철경록』에서 여성의 직업 몇 가지를 지칭한 말. '삼고'는 그 아래 나오는 '니고', '도고', '괘고'이다. '육파'는 아파牙婆(거간꾼), 매파媒婆(중매인), 사파師婆(무당), 건파虔婆(기방 운영자), 약파藥婆(약제사), 온파穩婆(산파)이다.

받게 될 것이다.

'거사居士'라는 말도 불교의 전유물이 아니다. 중국의 『예기禮記』에 이미 "거사는 비단 띠를 맨다(居士錦帶)"는 구절이 있는데, 그것은 도道와 예藝에 밝은 처사處士를 가리키며, 은거자[隱士]의 의미를 내포한다.

인도에서도 거사는 불교에서 만들어진 말이 아니다. 범어로 거사를 '가라월迦羅越(kulapati)'이라고 하는데, 불교를 믿든 믿지 않든 모두 자기 집에서 사는 사람은 거사라고 할 수 있었다.

불교에서 재가신도의 존칭으로 '거사'를 사용하게 된 것은 아마도 『유마경』에서 비롯될 것이다. 유마힐維摩詰에게 4개의 존칭이 있는데, 「방편품方便品」에서는 '장자長者'라고 하고, 「문수문질품文殊問疾品」에서는 '상인上人'과 '대사大士'라고 하며, 「보살품菩薩品」 등에서는 '거사'라고 부른다. 구마라집鳩摩羅什·지자대사智者大師·현장대사玄奘大師 등의 해석에 따르면, 유마힐은 동방 아촉불국阿閦佛國의 일생보처一生補處 보살인데, 재가자의 모습으로 중생들을 교화하는 것을 보여준 것이라고 한다. 그래서 '거사'라는 말로 재가 불교도를 칭하는 것은 그를 대보살로 존경한다는 의미를 내포한다.

따라서 명실상부한 거사는 대승의 보살이어야지, 이도저도 아닌 처사나 은거자는 절대로 거사가 아니라는 것을 알 수 있다.

그러나 『장아함경』에는 네 계급(카스트) 중 세 번째인 '바이샤'만을 거사라 칭하고, 전륜왕의 주장대신主藏大臣(재무장관)을 '거사보居士寶'라고 칭한다. 그렇다면 거사는 상인·사장 혹은 실업가에 해당한다.

68. 선사·율사·법사란 무엇인가?

『유부비나야有部毘奈耶』권卷 13에서는 비구를 경사經師·율사律師·논사論師·법사法師·선사禪師의 다섯 가지로 나누고 있다.1) 송경에 능한 비구는 경사經師, 계율을 지키는 데 뛰어난 비구는 율사律師, 논의에 뛰어난 비구는 논사論師, 설법에 능한 비구는 법사法師, 선禪2) 수행에 뛰어난 비구는 선사禪師이다. 그러나 중국불교에서 경사와 논사는 뚜렷한 범주가 되지 못했고, 율사·법사·선사만이 호칭으로서 널리 사용되어 왔다.

선사는 본래 선禪을 닦는 비구를 가리킨다. 그래서 『삼덕지귀三德指歸』 권1에서 "마음을 닦고 고요함을 닦는 사람을 선사라 한다(修心靜慮曰禪師)"고 했다.3) 그러나 중국에서는 그 호칭이 두 가지 방식으로 사용되었다. 하나는 왕들이 비구를 포상할 때 사용한 호칭이다. 예를 들어, 진陳 선제宣帝는 대건大建 원년(569)에 남악혜사南嶽惠思 스님에게 대선사大禪師 칭호를 내렸고, 당唐 중종中宗은 신룡神龍 2년(705)에 신수神

---

1) T.『根本說一切有部毘奈耶』卷第十三, T23n1442_013_p0695b15~22.
2) T. 여기서 '선禪(dhyana)'은 선정의 상태를 가리킬 수도 있고, 일반적으로 정좌 수행을 가리킬 수도 있다.
3) T.『열반경소삼덕지귀涅槃經疏三德指歸』, 제1卷, X37n0662_001_p0310b11~12. 이것은 축법호가 한역한 『열반경』을 천태지의 대사의 상수제자인 관정법사灌頂法師가 주석한 『열반경소』에 대해 송대의 지원智圓 스님이 다시 해설한 책이다.

秀 스님에게 대통선사大通禪師라는 시호諡號를 내렸다. 또 하나는, 후대의 선승禪僧들이 선배 선승을 선사로 호칭한 것이다. 더 후대에 와서는 약간의 명성을 얻은 선문禪門의 모든 비구가 선사로 호칭되기에 이르렀다.

율사는 계율을 잘 이해하는 비구를 가리킨다. 계율을 배웠고, 계율을 지키는 한편, 계율과 관련된 모든 문제를 잘 해석하고 해결하는 사람이라야 율사로 불릴 수 있다. 불교에서 율사의 지위는 법률학자, 법관 혹은 대법관에 상당하는 것이다. 보통의 비구들은 계를 지키고 범하지 않아야 하지만, 율장 전체를 다 알 필요는 없다. 그래서 비구가 명실상부한 율사가 된다는 것은 쉬운 일이 아니다.

법사는 법을 잘 이해하고 잘 설하는 사람을 가리킨다. 일반인들은 법사가 비구를 가리킨다고 생각하지만 실은 그렇지 않다. 불전에서 법사라는 말은 매우 넓은 범위로 사용되며, 스님들에 국한되지 않는다.4) 예컨대 『삼덕지귀』권1에서는 "경론經論에 정통한 사람을 법사라고 한다(精通經論曰法師)"고 했고,5) 『인명대소因明大疏』'상上'에서는 "법사라고 하는 것은 법을 실천하는 스님이다(言法師者, 行法之師也)"라고 했다.6) 또 어떤 이는 불법을 스승으로 삼고 불법으로 남을 가르치는 사람을 법사라고 한다고 말하기도 한다. 그래서 재가거사도 법사라고 불릴 수 있는 자격이 있고, 심지어 설법을 잘하는 야간野干(여우 비슷하지만 더

---

4) T. 중국에서 '法師'는 모든 스님들에 대한 일반적 호칭으로 널리 사용되고 있다.
5) T. 『열반경소삼덕지귀涅槃經疏三德指歸』, 제1권, X37n0662_001_p0310b11.
6) T. 『인명대소因明大疏』는 규기대사窺基大師의 『因明入正理論疏』의 약칭이나, 거기에 이 인용문은 없다. 스님은 예전의 일본판 『佛敎大辭典』에서 『삼덕지귀』와 『인명대소』 인용문들을 가져온 듯한데, 『인명대소』'인용문'은 이 사전의 오류로 보인다.

작은 동물인 자칼) 같은 축생도 제석천帝釋天 앞에서 스스로 법사라고 칭하기도 했다.7)

이런 논리를 근거로, 불교의 영향을 받은 도교에서도 '부록符籙'8)에 능한 도사道士를 법사라고 부른다. 역시 불교의 영향을 받은, 근대에 성립된 이교理敎9)에서도 그들의 포교사를 법사라고 한다. 그러니 '법사'라는 말은 결코 불교의 비구들만 쓰는 호칭은 아님을 알 수 있다.

부처님이 정하신 계율을 근거로, 나는 불교의 출가인들이 속인을 대할 때는 자신의 호칭으로 모두 '비구(사미)', '비구니(사미니)' 아니면 '사문沙門'을 써야 한다고 생각한다. 재가신도들이 출가인들을 칭할 때는 모두 '아사리阿闍梨'(혹은 '시푸[師父]')10)라는 호칭을 쓰고, 재가자 자신들은 모두 '제자弟子'를 쓰되, '제자'라는 호칭을 쓰고 싶지 않은 사람은 자신의 성명만 말해도 될 것이다. 자신을 '학인學人'이라고 칭하는 사람들도 있지만, 경經의 뜻에 비추어 보면 그것은 초과初果·2과果·3과果(수다원과·사다함과·아나함과)를 성취한 성자를 뜻하는 말이다. 출가인이 출가인을 칭할 때는 장로는 '장로'라고 부르고, 상좌는 '상좌上座'라고 부르며, 출가 연배가 비슷한 비구들 간에는 서로 '존자尊者'라고 하거나, 조금 격의 없이 부를 때는 상대방을 '아무개 형'이나 '아무개 스님'이라고 부르면 될 것이다. 부처님 당시에는 비구들이 서로를

---

7) T. 『불설미증유인연경佛說未曾有因緣經』 卷上(T17n0754_001_p0576c21 이하)에서, 부처님은 과거 무수겁 때 한 야간野干이 제석천과 천인들에게 설법한 이야기를 들려준다.
8) T. '부록'의 '부符'는 노란색이나 붉은색 종이에 쓴 부적이고, '록籙'은 신들의 이름을 적은 목록이다. 부록파의 도사들이 액운을 막거나 신들의 힘을 동원하려 할 때 사용한다.
9) T. 이교는 17세기 중반에 양재羊宰가 창립한 중국의 신흥종교이다.
10) T. '아사리'는 '스승'이라는 뜻의 산스크리트어 음역으로, 지금은 주로 수계식受戒式 같은 불교의식에서 사용된다. '시푸'는 '스승님'이라는 뜻이다.

모두 성姓과 법명[道名]으로 부를 수 있었다. 비구는 비구니에 대해 '자매'라고 부를 수 있다. 비구니들도 비구들처럼 선배 비구니를 '장로'나 '상좌'라고 부를 수 있다. 출가 연배가 비슷한 비구니들 간에는 서로를 '자매'라고 부를 수 있을 것이다. 비불교도들은 비구나 비구니를 관행적 예의에 따라 부르면 된다. 만일 어떤 비구가 참으로 선사·율사·법사로 불릴 만한 자격이 있다면, 물론 그렇게 부를 수 있다. 요즘의 불교계에서 하는 것과 같이 수행 수준이나 자질 고하를 막론하고 모든 스님을 '법사'라고 부르는 것은 적절치 않다.

69. 나한·보살·부처란 무엇인가?

확실히 많은 사람들은 나한羅漢·보살·부처라는 말의 의미를 명확히 알지 못한다. 심지어 불교를 믿은 지 오래된 불교도들도 확실하게는 잘 모르겠다는 느낌을 가지고 있다.

불교의 법문은 북전北傳 계통의 관점에서 보면 대승과 소승의 구분이 있다. 소승인들은 해탈도解脫道만 닦고, 대승인들은 보살도菩薩道를 닦는다. 보살도는 인천도人天道와 해탈도의 결합이다. 다시 말해서, 생사에서 해탈하고자 하면서도, 생사를 떠나지 않고 인연 있는 중생들을 교화하고 제도하는 것이 대승의 보살도이다.

해탈도의 최고 과위果位는 아라한阿羅漢이고, 줄여서 '나한'이라고 한다. 나한은 소승의 성인인데, 사실 소승의 최고 과위에는 두 종류가 있다. 하나는 성문聲聞의 성자로서, 불법을 청문聽聞하고 부처님의 가르침에 따라 사제법四諦法(고집멸도苦集滅道)과 37보리분菩提分(37조도품)을 닦아서 해탈도를 얻은 사람이며, 이것이 나한이다. 또 하나는 부처님 없는 세상에서 태어나 스스로 12인연법因緣法(무명無明·행行·식識·명색名色·육입六入·촉觸·수受·애愛·취取·유有·생生·노사老死)을 닦아서 해탈도를 깨닫고 생사를 요달한 사람이며, 연각緣覺 혹은 벽지가불辟支迦佛(벽지불)이라고 불린다. 성문과 연각은 함께 소승에 속하고, 소승은 성문승聲聞乘과 연각승緣覺乘으로 나뉜다. 그래서 소승을 이승二乘이라고도 한다. 이 이승인들은 스스로 생사를 요달하고 열반에 들어가려고 하는 이들이다. 그들은 인천人天의 생사도生死道를 싫어하며, 그래서 중생을 제도하기 위해 다시 오기를 원치 않는다. 그들은 보살이라고 할 수 없고, 부처가 될 수도 없다.

만일 부처가 되려고 하면 반드시 보살도를 행해야 한다. 보살도의 주된 법문은 육도법六度法(육바라밀)과 삼취계三聚戒이다.

육도법六度法

1. 보시布施: 재시財施, 법시法施, 무외시無畏施(두려움이 없게 하기).
2. 지계持戒: 모든 악을 범하지 않고, 모든 선을 받들어 행하기.
3. 인욕忍辱: 견디기 힘든 것을 견디고, 행하기 힘든 것을 행하기.
4. 정진精進: 용맹하게 앞으로 나아가고, 어떤 장애에도 굴하지 않기.
5. 선정禪定: 마음을 한 경계로 모아 어떤 상황에서도 동요하지 않기.
6. 지혜智慧: 맑고 밝은 통찰력으로 자신을 자각하고 남을 비추기.

삼취계三聚戒

1. 깨끗한 계율을 예외 없이 다 지킨다(無一淨戒不持).
2. 모든 선법을 예외 없이 다 닦는다(無一禪法不修).
3. 모든 중생을 예외 없이 다 건진다(無一衆生不度).

처음에 최상의 마음[最上心] ― 대보리심大菩提心・자비심慈悲心・공혜심空慧心 ― 을 낸 이후로 3대무수겁三大無數劫이 지나면 성불이라는 목표를 달성할 수 있다. 대승의 보살도는 보살들만이 실천하며, 소승인들은 함께하지 않는다. 그래서 그것을 '일승一乘'이라고 한다.

인천도人天道는 인간(인간세상)이나 천상에 나기 위해 선법을 닦는 것이다. 소승인들은 인천도를 좋아하지 않지만 그렇다고 인천도의 가치를 부정하지는 않는다. 소승의 해탈도는 인천人天의 선법善法을 승화하고 초월하는 것인데, 인천의 선법은 보살의 일승도一乘道의 기초이기도 하다. 따라서 인승人乘과 천승天乘의 선법(오계와 십선)은 이승二乘과 일승一乘에 공통된 선법이다. 그래서 인천의 선법을 오승五乘(인간·천상·성문·연각·보살의 각 승)의 공법共法이라고 한다.

소승 혹은 이승二乘의 해탈도는 보살도와 공통되는 법문을 포함한다. 만약 보살이 해탈도를 닦지 않는다면, 그것은 보살도가 아니라 인천도에 속할 뿐이다. 그래서 소승의 해탈도를 삼승三乘의 공법共法이라고 한다. 오직 보살도만이 대승 혹은 일승一乘의 불공법不共法이다.

독자들이 기억하기 쉽도록 오승五乘을 구분한 표는 다음 쪽과 같다.

이 표에서 우리는 보살도가 비록 일승법一乘法이라고 불리기는 하지만, 삼승공법三乘共法과 오승공법五乘共法이 모두 일승一乘으로 수렴된다는 것을 알 수 있다. 소승은 삼승공법으로 불리기는 하지만 오승공법의 승화이며, 오승공법은 '오승'이라는 이름은 붙어 있어도 실은 인승과 천승 단계의 선법善法일 뿐이다.[1]

인천승은 세간법이고, 여전히 생사법이다. 그것은 생사(번뇌)라는 '새는 구멍'이 있어 그것으로는 사람이 생사의 고해苦海를 벗어날 수 없다.

---

[1] '오승공법', '삼승공법', '대승불공법'은 일체의 불법을 포괄하며, 사람이 성불에 이르는 바른 길을 보여주는 이 도식은 태허대사가 창안한 것이다.

[오승五乘]

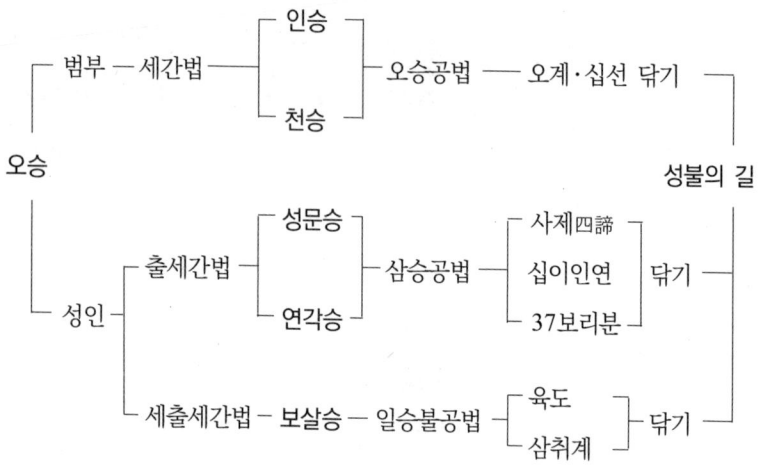

 그래서 세간법을 '유루법有漏法'이라고 하는 것이다. 소승인들은 '개인 해탈만 구하는 사람[自了漢]'들이지만, 그들의 길은 생사를 벗어나 성자가 될 수 있는 길이므로 출세간법이며, '무루법無漏法'이라고도 불린다.
 보살에는 범부도 있고 성인도 있다. 보살도는 십신十信·십주十住·십행十行·십회향十迴向·십지十地, 그리고 등각과 묘각의 52계위階位로 나뉜다. 십지十地 이전의 40계위는 모두 범부이고, (십지의) 초지初地 이상 12계위는 성인이다. 위 표에서 보살승은 성위보살聖位菩薩들을 가리킨다. 왜냐하면 불전佛典에서 보살이라고 할 때는, '지전보살地前菩薩(초지 이전 단계의 보살)'이라고 밝히지 않는 한 통상 초지 이상의 보살을 가리키기 때문이다.

소승의 성자는 부처가 되려고 노력하는 것이 아니라 열반에 들려고 노력한다. 열반의 상태는 대·소승이 본질적으로 동일하지만, 소승인들은 열반에 든 뒤 열반에 안주하고 더 이상 중생을 제도하지 않는다. 대승인들은 비록 열반에 들어도 열반에 머무르지 않으며, 생사와 열반이 같은 성품[體性]이라고 본다. 그래서 "생사가 곧 열반"이라고 하고, "무주처열반無住處涅槃"이라고도 한다. 이것이 대승 성자의 경계이다.

소승의 성자는 아집我執(자아집착)―번뇌장―을 끊어서 열반을 얻고, 그래서 소승의 나한이라고 한다. 해탈도의 경계(경지)로 말하면, 그들은 대승의 제7지 혹은 8지 보살에 해당한다. 보살도의 성자는 법집法執―소지장―과 아집我執―번뇌장―의 각 일부분을 끊어서 진여 법성法性의 일부분을 직접 깨닫고 초지初地의 계위에 들어간다. 번뇌장을 끊는 정도로 말하면 나한은 7지 보살이나 8지 보살과 같고, 소지장을 끊는 정도로 말하면 나한은 보살의 제7신위信位(십신의 7번째 계위)2)에 해당할 뿐이다. 번뇌장을 끊으면(아공我空을 깨치면) 생사에서 해탈하지만, 소지장을 끊으면(법공法空을 깨치면) 생사를 떠나지 않는다. 생사에서 해탈한다는 것은 열반에 드는 것이고, 생사를 떠나지 않는다는 것은 중생을 제도한다는 것이다. 해탈하는 것은 혜업慧業이고, 중생을 제도하는 것은 복업福業이다. 복과 지혜를 함께 닦는 것[福慧雙修]이 보살이 하는 일이며, 복과 지혜가 완전하면 곧 성불이다. 그래서 중생 제도의 복업福業이라는 관점에서 말하면, 나한은 보살이 처음 보살도에 마음을 낸 이후 7번째 계위에 해당할 뿐이고, 초지보살과는 33계위나 떨

---

2) *T.* 영문판에서는 '제4주위住位'로 수정되었다. 그것은 14번째 계위에 해당한다.

어져 있다. 성불의 전체 과정에서 보자면 초지보살은 이미 3분의 1을 지났고(제1무수겁을 채웠고), 8지보살은 3분의 2를 지난(제2무수겁을 채운) 것이다. 십신十信 단계의 보살은 여전히 삼대무수겁의 예비 단계에 막 진입한 것일 뿐이다!

그래서 만일 나한이 성불하고 싶다면 소승을 떠나 대승으로 들어가서 제7신위信位부터 단계적으로 닦아 나가야 한다. 그러나 나한이 열반에 든 뒤 단시간 내에 소승을 떠나 대승으로 가기[迴小向大]가 어렵다. 그래서 소승도小乘道를 닦는 사람들은 사실상 성불의 길[佛道]과 거의 인연을 끊은 것이다.3) 그리하여 어떤 대승경론에서는 소승을 외도나 다름없다고 보고 마구 폄하하고 배척하기도 한다. 사실『법화경』에 따르면, 진정한 아라한은 분명히 소승을 떠나 대승으로 갈 수 있고, 법화회상法華會上의 여러 큰 비구·비구니들도 소승에서 대승으로 들어온 아라한들이라고 한다.

소승을 떠나 대승으로 가는 이들에도 두 부류가 있다. 하나는 늘 소승을 닦아 온 사람들이다. 만일 그들이 나한위羅漢位에서 대승으로 간다면, 대승의 7신위信位에서부터 대승법을 닦아야 한다. 또 하나는 일찍이 대승법을 닦았고 나중에 소승 수행으로 퇴전하여 나한위에 든 뒤 다시 대승도大乘道로 나아가는 사람들이다. 그런 이들의 경우에는 앞서 닦았던 대승 수행이 새로 시작하는 대승 수행의 기산점에 가산될 수 있다. 예를 들면 사리불은 전생에 이미 제7주위住位까지 대승도

---

3) T. 소승인이 중생제도에 관심이 없다면, 성불의 길은 끊어진 것과 같다. 중생제도의 보살행이 성불의 필수요건이기 때문이다.『大智度論』卷第九十三에서는 "이 사람은 소승 인연에 집착하여 중생을 버렸고, 불도를 버렸다"(T25n1509_093_p0714a17~18)고 했다.

를 닦았으나, 나중에 소승 수행으로 퇴전했다가 아라한과를 얻은 후 다시 대승으로 진입했다. 대체로 말해서, 만약 앞서 닦은 것이 대승법이었는데 소승으로 퇴실退失했다가 다시 대승으로 들어간다면, 한 생각 돌이켜 위를 향하는 즉시 초주初住에 들 수 있다. 혹은 이미 심후한 대승의 기초를 가지고 있었는데 퇴실했다가 다시 대승으로 들어간다면, 한 생각 돌이키는 즉시 초지 이상의 보살 성위聖位에 들 수도 있다. 물론 나한이 소승에서 대승으로 가는 것은 그들의 복업福業이 대승의 성위에 이르기에 부족하다는 것일 뿐, 그들의 혜업慧業은 결코 범부 수준으로 후퇴하지 않을 것이다.

부처의 과위果位가 보살도의 궁극적 목표이다. 그래서 부처를 궁극에 이른 보살이라고 부를 수 있다. 부처의 과위는 해탈도의 궁극적 지위이기도 하다. 그래서 부처를 궁극에 이른 아라한이라고도 부를 수 있다. '아라한'이란, 인천人天의 공양을 받을 만하고[應供] 인천의 복전福田이 될 만하다4)는 의미이다. 그래서 '응공應供'은 부처님의 10가지 덕호德號5) 중 하나이다. '부처'는 '스스로 깨닫고, 남을 깨닫게 하며, 깨달음이 완전한[自覺覺他覺滿], 혹은 위없고 바른 보편적 깨달음[無上正遍知覺]을 가진 자'를 가리킨다. '보살'은 '깨달은 중생[覺有情]'이라는 뜻이며, '스스로 깨닫고, 남을 깨닫게 하는[自覺覺他], 혹은 위없고 바른 보편적 깨달음을 가진 자'를 가리킨다. 소승의 성문과 연각도 모두 '바른 깨달음을 가진, 혹은 스스로 깨달은 자'를 가리킨다. 인천의 범부

---

4) T. '복전이 된다'는 것은, 사람들이 복을 짓는 터전이 된다는 뜻이다.
5) T. 부처님을 칭하는 '여래·응공·정변지·명행족明行足·선서세간해善逝世間解·무상사無上師·조어장부調御丈夫·천인사天人師·불佛·세존'의 10가지 호칭(여래십호).

는 아직 바른 깨달음을 얻지 못한 어리석은 존재이다. 오승五乘의 수행자들이 얻은 깨달음의 차별은 다음 표와 같다.

〔깨달음의 차별〕

1. 인천의 범부 — 깨닫지 못함 ——— 생사에 윤회함 ——— 유루계
   [不覺]   [有漏界]
2. 소승의 성자 — 바른 깨달음 ——— 생사에서 벗어남 ─┐
   [正覺]   [自度生死]   │
3. 보살인 성자 — 바르고 보편적인   생사에서 벗어나고 ├─ 무루계
   깨달음[正遍知覺]   남도 벗어나게 함 │   [無漏界]
4. 부처 ——————— 위없는, 바르고 ——— 공덕이 원만함 ─┘
   보편적인 깨달음[無上正遍知覺]

또 하나, 중국에서 전해지는 나한들의 생활방식과 관련하여 분명하게 해두어야 할 점이 있다. 중국불교사에서는 한산寒山·습득拾得·풍간豊干·포대화상布袋和尙 등의 유별나고 기이한 행적들이 전해진다. 또 남전선사가 고양이를 베고[南泉斬貓], 귀종선사가 뱀을 자르는[歸宗斷蛇] 등 큰 방편[大用]이 발휘된 사례들도 있다. 어떤 이는 강 위의 배에서 살았고, 어떤 이는 외로운 섬의 가파른 절벽 가에 홀로 살았으며, 어떤 이는 시장통을 헤매고 다녔다. 또 어떤 이는 활을 당기거나 무기를 휘둘렀고, 어떤 이는 여자들을 흉내 내어 절을 했으며, 어떤 이는 고깃덩어리를 우적우적 씹었다. 이는 선종 특유의, 규칙에 얽매이지 않고 부처와 조사를 뛰어넘는[超佛越祖] 행동 방식이었다. 그래서 흔히

게으르고, 더럽고, 행색에 개의치 않고, 율의律儀를 지키지 않는 출가인들을 '나한형羅漢型'이라고 하거나, 나한의 화현으로 보기도 했다.[6] 중국불교의 회화와 조소彫塑 작품들에서도 나한의 성상聖像들은 자세가 이상하거나, 복장이 불량하거나, 뻐드렁니에 입을 찡그리거나, 혐오스러운 얼굴을 한 모습으로 표현되곤 했다.

사실 소승의 경經·율律에서 보는 나한들은 율의律儀를 아주 중시했다. '육군비구六群比丘'(시비꾼 스님들)[7]만 중국에서 전해지는 나한들의 모습과 비슷할 것이다. 나한에 대한 이런 왜곡된 관념이 교정되지 않는다면 그것은 나한들에게 큰 모욕이 될 것이다.

반면에 중국인들이 마음속으로 그리는 보살은 눈을 지그시 내리뜬 모습[垂眉低目]에 영락瓔珞(긴 줄에 꿴 보배구슬 장식)을 몸에 걸친, 장엄하기

---

6) (1) 경조京兆(당나라 수도였던 산시성 시안 일대 지역)의 하자화상蝦子和尙('새우스님')은 동산洞山(동산양개 선사)에서 심인心印을 얻은 뒤 민閩(푸젠성) 지역의 강변에서 새우와 조개를 주워 먹고 살았다. 밤에는 백마사의 지전紙錢 더미 위에서 잤다.『불조통기佛祖統紀』卷四十二, T49n2035_042_p0390a23~24.
(2) 오대五代의 양梁나라 때는 포대화상('자루스님')이라는 분이 사명四明 봉화奉化 지역에 살았다. 그는 자루 안에는 발우, 나무신발, 생선, 밥, 채소, 고기, 기와, 돌멩이 등이 들어 있었다.『불조통기』卷四十二, T49n2035_042_p0390c04~12.
(3) 송나라 진종眞宗 때 무주婺州의 사문沙門 지몽志蒙 서씨徐氏는 비단옷을 입고 돼지머리 먹는 것을 좋아했는데, 사람들에게 닥칠 재앙이나 행운을 말하면 들어맞지 않는 것이 없었다. 그는 남들을 '(손아래) 처남'이라고 불렀고, 자신은 '서 자형'이라고 칭했다. 좌탈할 때 남긴 말은 "내가 정광불定光佛이다"였다. 그의 진신眞身(썩지 않는 몸)을 봉안했는데, 그에게 기도하면 신비로운 영험이 그치지 않았다. 세인들은 그를 저두화상猪頭和尙('돼지머리 스님')이라고 불렀다.『불조통기』卷四十四, T49n2035_044_p0403a5~9.
(4) 남북조 시대의 寶誌大士는 비단 두루마기를 입고 맨발이었는데, 가위·자·거울·먼지떨이를 지팡이 끝에 매달아 어깨에 메고 다녔다. 아이들이 그를 보면 시끄럽게 소리를 지르며 쫓아가곤 했다. 어떤 때는 술을 조금 마셨고, 어떤 때는 며칠이고 끼니를 걸렀다. 한 번은 준치를 먹고 있는 사람을 만났는데, 그 준치를 좀 달라고 하여 입에 넣었다가 물속으로 뱉어내자 그 물고기들이 모두 살아났다.『불조통기』卷三十六, T49n2035_036_p0346b01~04.
7) T. '육군비구'에 대해서는 예컨대『사분율』卷第十六, T22n21428_016_p0671a07~b03;『십송율』卷第十七, T23n21435_017_p0118a01~19를 보라.

이를 데 없는 모습이다! 보살의 보신報身은 물론 그런 장엄한 천인天人의 모습이지만, 보살의 화신化身은 다양한 근기를 가진 여러 부류의 중생들을 교화하기 위해 그들의 근기에 맞게 왕왕 각양각색의 신분으로 몸을 나툰다. 그래서 중국인들이 말하는 '나한형'은 실은 화신을 나툰 보살을 말한다고 보는 것이 타당할 것이다. 나한은 출가한 스님들일 수밖에 없고, 스님들은 불법의 담지자擔持者이자 대표자이기 때문에, 나한들은 게으르거나 제 마음대로 행동할 수 없다. 그렇지 않다면 불교의 명성이 손상될 것이다. 그에 비해 보살들은 정해진 신분이 없다. 그들은 중생을 교화하는 것이 목적이지만, 자신이 보살임을 중생들이 알게 할 필요가 없다. 그래서 보살들은 복덕을 갖춘 장엄한 천인의 모습을 나툴 수도 있고, 필요하다면 외도外道나 백정 혹은 심지어 마왕魔王의 모습을 할 수도 있다. 그렇다 해도 불법의 명예를 손상하지 않는다.

이로써 우리는, 중국의 불교도들이 나한과 보살에 대한 이러한 왜곡된 관념을 교정해야 한다는 것을 알 수 있다.

70. 불교는 통일적인 행정조직을 가지고 있는가?

근본불교 시기에 교단敎團 사회는 철저히 무정부주의적이었고, 주종관계나 예속관계가 일체 없었다. 모두가 불법의 원리 하에서 평등했고, 불법의 범위 내에서 자주적이었다(자유롭게 자기 일을 했다). 그래서 불교를 창립하신 석가세존은 열반에 드시려 할 때 아난존자에게 이렇게 말씀하셨다. "여래는 '내가 대중을 거느린다'거나 '내가 대중을 지도한다(如來不言我持於衆, 我攝於衆)'고 말하지 않는다."[1] 부처님은 또 종종 "나는 승가 속에 있다(我在僧中)"고 하면서, 결코 당신 자신을 우두머리로 자처하지 않았다. 부처님은 자신을 '법왕法王'으로 칭했는데, 이 '왕'이란 '법에 자재하다(於法自在)'는 의미이지, 통치자라는 뜻이 아니다. 그래서 불교가 시작된 이후로, 불교는 정치적 형태의 조직이었던 적이 없다. 불교의 승단은 상하의 계급이 없고, 더 중요하고 덜 중요한 구분이 없이 피차 모두가 마찬가지이다. 4명 이상의 스님이 모이고 계율만 지키면 합법적인 승단으로 인정받고 하나같이 존경받을 수 있다. 설사 어떤 승단이 의견 차이로 인해 두 집단으로 분열한다 해도 공히 부처님의 인가를 받을 것이다. 예를 들어, 『오분율五分律』 권24에서 부처님은 이렇게 말씀하신다. "모두 평등하게 공경 받고 공

---

1) 『장아함경』 卷第二, (二)第一分遊行經第二初, T01n0002_p0015a28~29.

양 받아야 한다. 왜 그런가? 비유하자면, 그것은 순금이 둘로 갈라져도 다를 수 없는 것과 같다."2) 왜냐하면 그 두 조각은 여전히 순금이기 때문이다. 여기서 우리는 불교의 기본 정신이 층층시하의 엄격한 조직을 요구하지 않는다는 것을 알 수 있다. 이 점은 기독교와 정반대이다. 기독교는 『구약』이 시작될 때부터 강렬한 정치형태와 정치의식을 가지고 있었고, 엄격한 조직과 강한 권위에 의한 통치가 기독교 교회의 특색이었다. 그래서 기독교(특히, 구교인 로마 가톨릭)의 교회 조직은 이런 오랜 역사적 배경 때문에, 불교를 능가하는 조직 통제 능력을 가지고 있다. 개신교의 상황을 보자면, 그들은 교파가 많고 서로 간섭하지도 않지만, 같은 교파 안에서는 훌륭한 조직력을 가지고 있다.

우리 불교는 지금까지도 세계적인 불교조직을 이야기할 정도가 못된다. 각 나라 안에도 교파들이 있고, 각 교파 안에서도 통일을 이루지 못하고 있다. 특히 중국의 불교는 역사적으로 조정에서 승려들과 사찰 재산의 통제를 위해 '승관僧官'을 둔 적은 있으나, 그것은 불교 자체의 조직이 아니었다. 지금은 중국불교회3)라는 것이 있고 각 현縣·시市에 그 지회支會가 있지만, 실질적 행정권이 없다. 각 사찰의 재산은 불교회 소유가 아니고, 각 사찰의 소임자도 불교회에서 임명하고 파견하는 것이 아니다.

그래서 1964년 말 대만에 6백만 명 이상의 불교도가 있고, 이것이

---

2) T22n1421_024_p0160c09~10.
3) T. 이 '중국불교회(BAROC)'는 1911년 베이징에서 결성된 '중화불교총회'가 1928년 '중국불교협회'로, 다시 1929년에 '중국불교회'로 된 뒤 1949년 대만으로 옮겨간 것이다. 본토의 불교회는 1953년 결성된 '중국불교협회(Buddhist Association of China, BAC)'이다.

전 인구의 52퍼센트라고는 하지만, 적극적인 힘을 발휘하지 못하며, 불교사업과 발전계획들을 크게 추진하지 못하고 있다. 반면에 대만의 천주교도들은 26만 5천여 명, 개신교도들은 29만 3천 여 명에 불과하지만, 그들은 외관상 불교보다 더 큰 활동력을 가지고 있다. 무슬림들은 4만 명이지만 정부로부터 더 중시되는데, 이는 그들의 역량이 집중되어 있는 반면 불교도들은 각자 자기 일만 하기 때문이다![4)

전 세계적 통계로, 오늘날 세계 5대 종교의 신자 수는 다음과 같다. 기독교(신구교 포함)가 1위로 9억 명의 신자를 가졌고, 불교가 2위로 6억 명, 이슬람교가 3위로 4억 5천만 명, 힌두교가 4위로 3억 8천만 명이며, 유태교가 5천만 명의 신자를 가지고 있다.5) 만약 6억 명의 불교도들이 단결할 수 있다면 세계에 한량없는 빛을 가져다줄 것이다.

불교는 정치적 형태의 조직체계가 아니기 때문에, 지금까지도 바티칸 식의 통일적인 불교회는 없다. 다만 상징적 조직인 '세계불교도우의회世界佛教徒友誼會(World Fellowship of Buddhists, WFB)'가 있는데, 이것은 중국의 태허대사가 1928년에 처음 제안한 이후 나오게 된 것이다. 당시 태허대사가 바랐던 것은 두 가지였다. 첫째는 대·소승 간에 자기만 옳다는 관념을 없애고 전체 불교의 발전을 도모하자는 것, 둘째는 각국의 불교도들이 연합하여 서로 우의를 증진하고 영구적인 평화

---

4) T. 대만정부의 '2006년 연감' 통계로는 불교 35.1%, 도교 33.0%. 무종교 18.7%, 개신교 4.8%, 가톨릭 1.3%였다. (최근의 연감에는 종교인구 통계가 나오지 않고 있다.)
5) 「獅子吼」, 1964, 제3권 10호, 4쪽.
  T. 1964년 당시 세계 인구는 32억 명 정도였다. 인구가 70억에 가까워진 2010년의 한 통계에 따르면, 세계의 종교 인구는 대략 기독교 22억 명, 무슬림 16억 명, 힌두교 11억 명, 불교 5억 명으로 추산되며, 불교도들의 세계 인구 비율은 약 7%이다.

를 촉진하자는 것이었다. 그러나 이 운동은 22년이나 뜸을 들인 뒤 1950년 6월 6일에야 스리랑카에서 제1차 대표대회가 열렸다. 이 대회의 후원자들 중에는 태국의 국왕과 승왕僧王(일국의 최고위 승려), 미얀마의 대통령과 승장僧長(최고위 승려), 스리랑카의 수상과 승장, 티베트의 달라이라마, 캄보디아의 국왕과 승장, 베트남의 승장, 일본의 히로히토 천황도 있었다. 당시 중국은 마침 스리랑카에서 강의를 하던 법방법사法舫法師(1904-1951)를 대표로 참가시켰다. 대회에서는 2년에 한 번씩 대회를 열기로 했고, 이후 스리랑카·일본·미얀마·네팔·태국·캄보디아·인도 등지에서 연이어 7차례 대회를 열었다. 제7차 대회에는 53개 회원국이 참가했고, 지금은 60개 국가와 지역 단위가 회원이지만, 전체 불교와 전 인류에 대한 이 조직의 기여는 한계가 있다. '우의회'라는 이름에서 알 수 있듯이, 이 조직은 1차적으로 회원국들 간의 우의를 다지기 위한 것이다. 창립 후 14년간 이 조직이 거둔 성과는 대략 두 가지뿐이다. 첫째는 1956년 네팔에서 열린 제3차 대회의 결의로, '부처님오신날'을 매년 양력 5월 보름날로 정한 것이다. 둘째는 1952년 일본에서 열린 제2차 대회에서 스리랑카 대표들의 제안이 통과되어, 다섯 가지 색깔의 기旗를 세계불교의 교기敎旗로 채택한 것이다.6) 이것은 원래 미국의 올코트 대령(1832-1907)이 도안한 것이었다.7) 그 밖에는 이야기할 만한 것이 없다.

---

6) T. 다섯 가지 색깔은 청색·황색·적색·백색·주황색(오렌지색)이다. 한국에서는 1966년 대한불교조계종이 이 기를 공식적으로 채택한 이후 지금도 널리 사용되고 있다.
7) H. S. 올코트 대령과 H. P. 블라바츠키 여사는 1880년 스리랑카에 와서 불교에 대한 영국인들의 전횡을 규탄하고 불교를 수호했다.

부처님의 근본 가르침에서 보자면 전 지구적인 불교 행정조직 같은 것은 필요하지 않지만, 현재와 미래 시대에는 시급히 필요한 것이다. 만약 현재의 우의회가 발전하여 그런 전 지구적 행정조직이 되기를 바란다면, 우리가 적지 않은 시간을 노력해야 하지 않을까 싶다!

유엔에서 열린 새천년 세계평화 종교지도자 정상회의에서 연설하는 성엄 스님(2000. 8. 29)

옮긴이의 말

이 책은 1965년에 처음 나와 1996년의 수정판까지 366쇄를 거듭한 다음, 지금도 계속 간행되는 중화불교권의 스테디셀러이다. 당시 불교에 대한 그릇된 관념과 미신적 관행들이 뒤섞여 있던 한전漢傳 불교계에 신선한 충격을 던져, 특히 대만불교를 제자리로 돌려놓는 데 크게 기여한 책으로 평가된다. 성엄 스님의 불교입문서 중에서 비슷한 다른 책으로는 『학불군의學佛群疑』・『학불지진學佛知津』 등이 있는데, 전자는 본서의 후속편이고, 후자도 본서의 각주에서 몇 번 언급된다.

이 책의 제목에서 '바른 믿음[正信]'은 불법에 대한 올바른 이해를 기초로 한 신앙을 가리킨다. 올바른 이해가 올바른 신앙을 가져오고, 그것은 다시 올바른 실천 수행을 통해 불법의 근본 목적인 '위없이 바른 깨달음'을 가져온다. '바른 믿음의 불교'는 달리 표현하면 '정법불교正法佛敎'이며, 2007년에 나온 영문판 제목('정법 중국불교' *Orthodox Chinese Buddhism*)이 그 점을 잘 포착하고 있다. 영문판은 스님의 허락 하에 여러 곳에서 부분적으로 중문판의 내용을 수정했는데, 우리는 중문판을 충실히 번역하면서도 두 판본을 면밀히 대조하여 영문판의 수정 몇 가지를 수용하고, 각주에서 영문판 주들의 도움을 많이 받았다.

본서는 스님이 대만 남부 조원사朝元寺의 (지금은 없어진) '영락관방'에서 폐관閉關 도중 대장경을 열람하며 저술한 책이다. 일반 독자들을 대상으로 일반적 주제를 다루므로, 개념을 분명히 하는 데 집중하면서 그 주제의 핵심과 주요 내용을 간결하게 소개하는 데 주안을 두었다. 사상적으로는 스님 자신이 밝히고 있듯이 태허대사와 인순법사의 여러 저작들에서 영향을 받았고, 그 밖에 불교잡지 등 몇 가지 자료도 참조하고 있다. 불전佛典은 당시 스님이 공부하던 『아함경』과 율장律藏 등 초기 불전을 주로 인용하는데, 불교 우주론 등과 관련해서는 중국 문헌인 『불조통기』도 많이 활용하고 있다. 인용 출처로 원서에는 『대정신수대장경』에 수록된 경전명과 권수만 나와 있으나, 우리는 중화전자불전협회(CBETA)의 온라인 대장경 검색번호를 함께 제시했다.

책의 내용 가운데 한 가지 주목할 만한 점은, '깨달음' 혹은 '수행의 계위'와 관련하여 천태종 원교圓敎의 이론 틀을 가져와서 논의한다는 것이다. 대승불교의 주류적 이론은 이른바 '별교別敎' 체계인데 스님은 왜 '원교'의 이론을 원용하는가? 스님의 의도는 초기 단계의 '깨달음' (견성) 체험을 수행의 전체 과정 속에서 제대로 평가할 수 있도록 하기 위해서이고, 깊은 수준에서는 별교 체계, 특히 선종의 관점이 자연히 수용될 것이다. 즉, 스님은 수행자들이 일시적인 '깨달음' 체험을 가지고 바로 자신을 십지十地의 '성위聖位'에 든 것으로 잘못 아는 것을 경계한 것이다. 얕은 수준의 '깨달음'으로는 아직 '범부'의 지위를 벗어나지 못한 것이며, 그 체험이 어느 정도 깊고 지속적인 것이어야 '견도見道'의 지위, 곧 성위聖位에 들었다고 볼 수 있다.

이 책에서 또 한 가지 주목할 점은 스님이 책 전반에 걸쳐 '소승'·'소승불교'라는 단어를 '대승'·'대승불교'와 대비하면서 사용하고 있다는 것이다. '소승불교'라는 말이 경멸적 함의를 내포한다는 점에서 어떤 독자들은 여기에 다소 거부감을 느낄지 모른다. 그러나 본서에서 성엄 스님이 그 단어를 쓸 때는 폄하적인 느낌이 없다! 스님은 단지 대·소승의 관점 차이를 설명하기 위해 이 단어들을 사용할 뿐이다. 아마 스님은 전체 불교의 큰 틀 안에서 어떤 폄하도 없이 '소승불교'를 불교의 한 갈래로 아우를 수 있다고 보았을 것이다. 또한 '소승'이라는 단어가 '대승'과 대비되는 전통적인 용어라는 점과, 두 단어를 함께 쓸 때의 언어상 편의도 무시할 수 없다. 다만 '소승'이라는 표현에 대한 남방 불교도들의 거부감을 감안할 때, 최근 국제 학계에서 쓰는 중립적 용어인 '니까야 불교'가 좋은 대안일 수 있다.

니까야 불교의 관점에서 불교를 인식하는 이들은 무엇이 '정법불교'인가에 대해서 아마 견해가 다를 것이다. 그러나 성엄 스님은 대장경 전반을 관통하는 하나의 중요한 기준을 가지고 있는데, 그것은 우리가 궁극적으로 '아라한과'를 넘어서 '불지佛地', 곧 성불을 목표로 해야 한다는 것이다. 남방불교에서도 궁극의 목표는 불지이겠지만, 그 전략이 대승불교만큼 분명하지 않다. 스님은 이것을 '열반에 안주함'과 '열반에 머무르지 않음'으로 대비시키고, "진정한 아라한은 소승을 떠나 대승으로 간다"는 '회소향대回小向大'의 관념을 수긍한다. 옛 대승불교도들은 보살도의 수행이 성불의 필수조건임을 명확히 인식했지만, 그들이 '소승'이라고 부른 사람들의 견해가 너무 달라 아마 그들과는 대화

자체가 어렵다고 느꼈을 것이다. 지금도 상황은 비슷해 보인다.

한국에서는 마치 유행처럼 많은 사람들이 소위 '초기불교'로 달려갔으나, 그 중 일부는 쉽게 '소승적' 관점에 함몰되어 대승불교에 대한 그릇된 인식을 퍼뜨리면서 한국불교의 정체성을 혼란시키고 있다. 예컨대 대승경전에서는 "부처님의 본래 가르침이 왜곡"되었고 대승불교는 "그릇된 전통"이라거나, 심지어 "대승은 끝났다"고 단언하기도 한다. 이것은 아주 편협한 견해이고 실은 불법 자체를 비방하는 어리석은 태도이지만, 그들은 니까야만이 정법이고 대승은 '비불설非佛說', 곧 비법非法이라고 믿는다. 이는 근본적으로 불법에 대한 올바른 믿음과 해석 능력이 결여된 탓이지만, 그런 시각으로는 대승불법의 심원한 진리성을 이해할 수 없고, 최상승 선禪 법문은 더욱 알지 못한다.

『아함경』·『니까야』와 율장으로 대표되는 초기불전들과 함께, 불법의 폭과 깊이를 유감없이 보여주는 대승불전들을 통합적으로 이해해야만 불교의 진면목을 올바르게 인식할 수 있다. 그러자면 대·소승의 주요 개념에 대한 올바른 이해가 선행되어야 하고, 대승불교와 니까야 불교의 전망을 함께 비교해 볼 수 있어야 한다. 성엄 스님은 대승불교의 그런 관점과 시야를 많은 사람들과 공유하고 싶어 했고, 당신의 노력은 중화불교권에서 큰 성공을 거두었다. 세인들의 안목을 틔워 준 스님의 이 책이, 정체성 위기 속에서 방향감각을 잃고 있는 한국불교를 제자리로 돌려놓는 데 조금이나마 기여하기를 바라마지 않는다.

2018년 8월 5일, 옮긴이 씀